Editorial.

Hallo und willkommen
zu unserem Katalog SOZIALES LERNEN 2011. Wir haben auf den folgenden Seiten wieder zahlreiche didaktische Ideen für Sie gebündelt – lassen Sie sich inspirieren!

Know-how:
Gewaltprävention an Schulen ist eine wichtige gesellschaftliche Aufgabe unserer Zeit. Wir konnten Jörg und Sabrina Köhler, zwei Spezialisten auf diesem Gebiet, dafür gewinnen, für uns Workshops zu diesem Thema durchzuführen. Lesen Sie dazu das Interview mit Jörg Köhler auf S. 10.

Sie unterrichten Fremdsprachen und sind auf der Suche nach neuen Methoden? Unterrichtsideen und konkrete Anwendungsbeispiele dazu finden Sie im Beitrag von Marcus Koch auf S. 16. Er hat mithilfe von METALOG® training tools didaktische Vorgehensweisen für den Erwerb von Fremdsprachen entwickelt – auch hierzu bieten wir Workshops an.

Neues Tool:
Lernen Sie mit dem neuen METALOG® training tool HeckMeck eine weitere Dimension der Teamarbeit kennen! Ausführlich stellen wir Ihnen das Tool auf S. 5 vor.

HeckMeck S. 5

Erfahrungsberichte:
Studiendirektor Georg Glöbl unterrichtet Deutsch und Religion am Burkhart-Gymnasium in Mallersdorf-Pfaffenberg. Schon in der Jugendarbeit war er inspiriert von den Ideen und Methoden der Gruppendynamik. Seit einigen Jahren ist er begeistert von den METALOG® training tools, die seine Unterrichtspraxis bereichern. Lesen Sie in seinem Beitrag „Impulse fürs Sozialverhalten" S. 30, wie er mit erfahrungsorientierten Lernmethoden arbeitet.

„Das Beste ist, wir spielen erst mal was zusammen" hat Robin Banerjee, Pfarrer der evangelischen Kirchengemeinde Erkelenz-Schwanenberg seinen Beitrag betitelt. Lesen Sie in seinem beeindruckenden Bericht, wie er mit Interaktionsaufgaben in Kontakt gekommen ist. S. 36

Ich wünsche Ihnen eine inspirierende Lektüre!
Zögern Sie nicht, uns zu kontaktieren, falls Sie Fragen zur Anwendung unserer Tools in Ihrem Bereich haben – wir freuen uns darauf, Sie beraten zu dürfen!

EmotionCards. 2 S. 6

Ihr Daniel Stanislaus

METALOG® training tools OHG, Sägmühlstr. 25 a, 82140 Olching, Tel.: 08142-418 37 10, Fax: 08142-418 37 11, E-Mail: trainingtools@metalog.de, Web: www.metalog.de

Moderationsbälle.
Die Gesprächs-Schrittmacher.

Lernprojekte strukturiert auswerten.
Die Momente direkt im Anschluss an ein Lernprojekt sind wichtige Augenblicke für Schülerinnen und Schüler sowie Lehrerinnen und Lehrer. Hier werden Gefühle reflektiert und wird das soeben Erfahrene noch einmal erlebt. Nutzen Sie an dieser Stelle die Moderationsbälle, um die Diskussion zu steuern und es so allen Schülerinnen und Schülern zu ermöglichen, über ihre Erfahrungen mit der Gruppe zu reflektieren. Sie werfen einfach einige Bälle in die Runde. Ein Schüler mit einem Moderationsball äußert sich – je nach Ball – zum Erlebten. Dann wirft er den Ball weiter und eine Schülerin mit einem anderen Ball ist an der Reihe. So geben Sie der Diskussionsrunde Struktur und unterstützen eine intensive Reflektion in Ihrer Klasse.

... oder auch zum Abschluss einer Klassenlehrerstunde.
Es gab viel zu besprechen und Ihre Klasse hat sich gemeinsame Ziele gesteckt, Vereinbarungen getroffen oder Konflikte geklärt? Durch eine Abschlussrunde wird die Stunde „rund" und jede und jeder hat noch einmal die Möglichkeit, sich zu dem Besprochenen zu äußern.

Beispiele für Bedeutungen der Bälle.
Selbstverständlich können Sie den Bällen die Bedeutung geben, die Sie für Ihre Gruppensituation angemessen halten.
Es folgen einige Beispiele:

Gehirn: „Ich habe gelernt/verstanden, dass …"
Schlüssel: „Ein Schlüsselerlebnis für mich war …"
Herz: „Ich habe erlebt/gefühlt …"; „Mir ist wichtig, dass ..."
Hand offen: „Ich habe Unterstützung bekommen von …/Mir hat geholfen, dass …"
Hand Daumen: „Mir hat ... besonders gut gefallen."
Fuß: „Meine nächsten konkreten Schritte werden sein …"
Fotoapparat: „Besonders gerne erinnere ich mich an …"; „Die neuen Perspektiven für mich sind …"

Moderationsbälle. Lieferumfang: 7 weiche Kunststoffbälle, 1 Stoffbeutel, 1 detaillierte Anleitung. Packmaß: 21 x 19 x 10 cm. Gewicht: 0,2 kg.

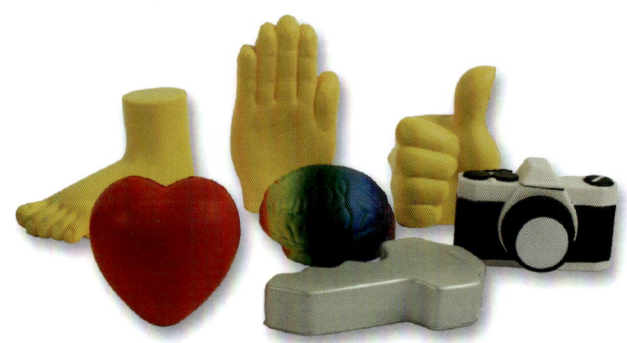

Best.-Nr. 1807. **48,00 € zzgl. MwSt.**

HeckMeck.
Koordination für Performance.

Lernprojekt.
HeckMeck ist ein fesselndes Lernprojekt für all diejenigen, die sich mit der Koordination von Abläufen und der Veränderung von Strukturen auseinandersetzen. Ebenso lassen sich Themen wie Zusammenarbeit im Team, Führung und die Gestaltung von Veränderungen hervorragend damit darstellen.

Durchführung.
Ziel der Akteure ist es, aus 15 Elementen ein HeckMeck in möglichst kurzer Zeit zu konstruieren. Beim ersten Aufbauen wird die Gruppe noch durch eine grafische Darstellung unterstützt. Im Anschluss wird diese erste Version wieder zerlegt. Danach gilt es, sich so zu koordinieren, dass die Gruppe innerhalb kürzester Zeit die Konstruktion wiederherstellt, diesmal allerdings ohne Anleitung. Diese Herausforderung ist dann zu meistern, wenn die Gruppe ihre eigene Kommunikation optimiert und wirksame Absprachen trifft. Mit optimaler Koordination gelingt dann der Aufbau den besten Teams in weniger als 20 Sekunden!

Themen und Ziele.
Zusammenarbeit im Team: Absprachen treffen und verändern, Arbeiten für ein gemeinsames Ziel, Teamkommunikation.
Führen: wirksam und zielorientiert moderieren, motivieren, den Überblick behalten, Steuern von Optimierungsprozessen.
Veränderungsprozesse gestalten: Sammeln und Einbinden von Optimierungsideen, KVP (kontinuierlicher Verbesserungsprozess), schrittweises Entwickeln von neuen Abläufen.

HeckMeck. Lieferumfang: 15 Holzelemente mit unterschiedlichen Einsägungen, 1 Konstruktionsplan, 1 detaillierte Anleitung. Packmaß: 120 x 16 x 16 cm. Gewicht: 6 kg. Lieferung in einer Transporttasche.

Akteure (min./opt./max.): 5/15/15.
Zeit (ohne Auswertung): 30–45 Minuten.
Platzbedarf: 5 x 5 m.

Best.-Nr. 1504. **145,00 € zzgl. MwSt.**

EmotionCards.
Gefühle zeigen.

Lernprojekt.
Unsere EmotionCards sind kleine, vielfältig einsetzbare Fotokunstwerke. Jede Betrachterin und jeder Betrachter verknüpft mit den Bildern eigene Assoziationen. Persönliche Erfahrungen und Gefühle kommen auf diese Weise viel leichter zur Sprache, weil sie sichtbar gemacht werden können. Die Bilder sind sowohl in der Einzelarbeit als auch in größeren Gruppen einsetzbar.

Durchführung.
Auswertung von Lernprojekten: Die EmotionCards werden auf einem Tisch verteilt. Direkt nach einem Lernprojekt bitten Sie die Schülerinnen und Schüler, sich jeweils eine EmotionCard zu z. B. den folgenden Fragen auszuwählen: „Welches Bild zeigt, wie du das Lernprojekt erlebt hast?" oder „Was war während des Lernprojekts hilfreich? Auf welchem Bild findest Du das wieder?" Im nächsten Schritt stellt jede Schülerin und jeder Schüler seine EmotionCard der Gruppe vor. So werden auch zurückhaltende oder schüchterne Schülerinnen und Schüler – angenehm leicht in die Diskussion integriert. Auf diese Weise können auch ihre Blickwinkel und Erfahrungen allen zugänglich gemacht werden.

Einige weitere Varianten, die EmotionCards einzusetzen:

Kennenlernen: Zu Beginn eines Schuljahres möchten Sie das Kennenlernen in einer neuen Klasse kreativ gestalten. Bitten Sie die Schülerinnen und Schüler, sich aus den vorbereiteten EmotionCards eine auszusuchen: „Wähle ein Bild, das etwas Persönliches über dich aussagt!" Mithilfe der Fotos stellen sich dann die einzelnen Schülerinnen und Schüler vor.

Kreatives Schreiben: Die Fotokarten sind ideale „Ideenspender" für selbst gestaltete Texte der Kinder und Jugendlichen.

Konversationstraining Fremdsprachen: Zufällig gezogene Fotokarten regen Kleingruppen zum Gespräch in einer Fremdsprache an.

Erwartungsabfrage: Aus den vorbereiteten EmotionCards suchen sich die Schülerinnen und Schüler eine zu folgender Frage heraus: „Welches Bild zeigt, was für Dich in diesem Schuljahr wichtige Ziele sind?" Die Karten werden reihum präsentiert.

Teamentwicklung: Jede Schülerin und jeder Schüler nimmt sich je eine Karte für die Frage: „Wo stehen wir als Klasse?" und „Wohin sollen wir als Klasse kommen?" oder auch „Wie wünsche ich mir meine Klasse?"

Weitere Varianten sind in der Anleitung beschrieben.

EmotionCards. Lieferumfang: 50 Fotokarten je Set, jede 21 x 14,5 cm, 1 detaillierte Anleitung. Lieferung im Karton.

EmotionCards. 1 Best.-Nr. 1806. **48,00 € zzgl. MwSt.**
EmotionCards. 2 Best.-Nr. 1808. **48,00 € zzgl. MwSt.**

Doppelpack.1+2. Best.-Nr. 1809. **89,00 € zzgl. MwSt.**

Logik Color.
Knifflige Kommunikation.

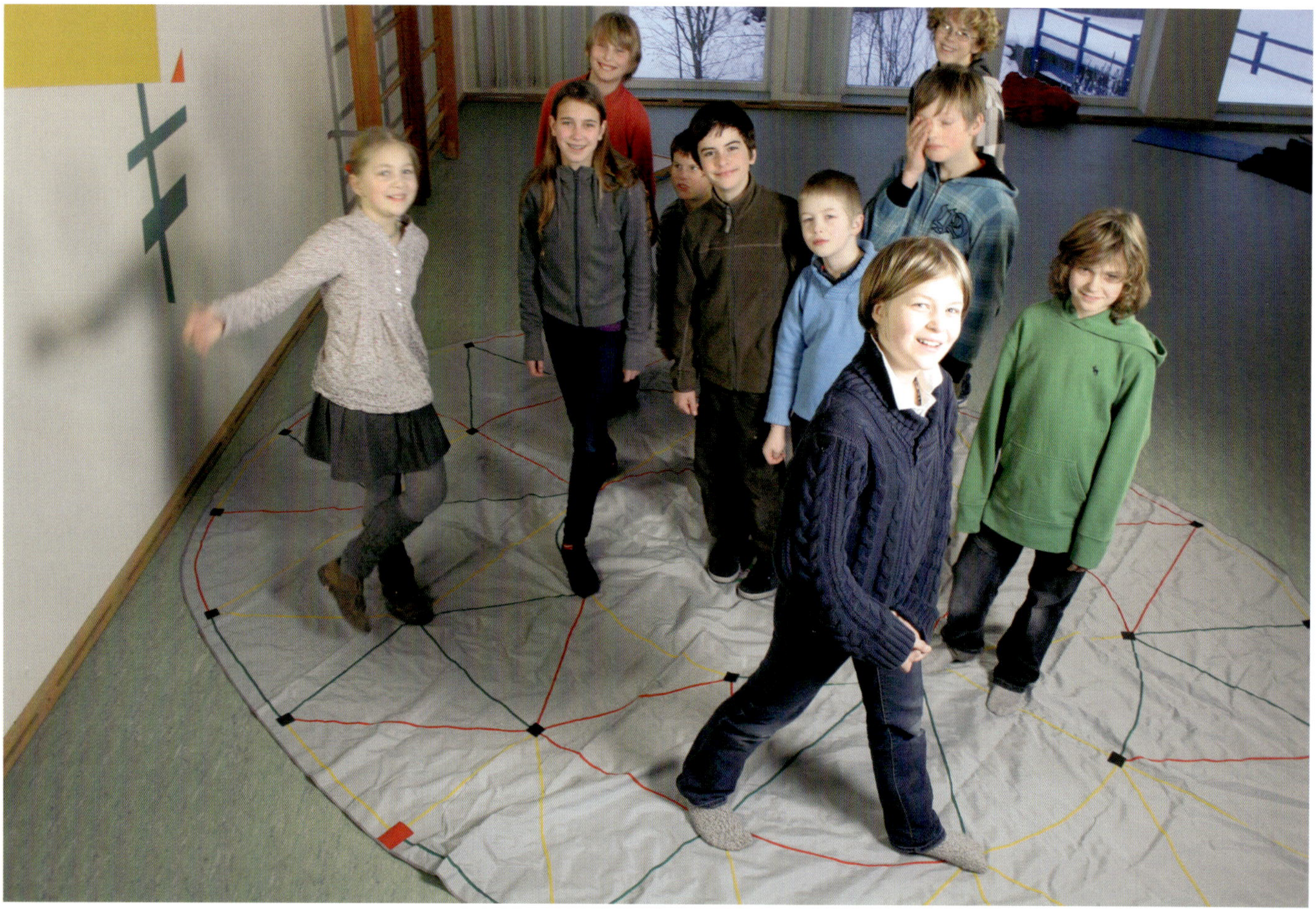

Lernprojekt.
Da liegt es vor der Klasse, das komplexe Labyrinth. Verwirrte Blicke. Herausforderung. Genau wie im Alltag geht der Fokus zu allererst auf die Aufgabe, das „Was", das es zu erledigen gilt. Wenn das „Wie" dabei vergessen wird, steckt das Projektteam schnell in der Sackgasse. Denn wie zu Beginn eines echten Projektes gilt es erst einmal, sich einen Überblick zu verschaffen. „Wie setzen wir unsere Ressourcen ein?", „Wer handelt in welcher Rolle?" Und natürlich die Hauptfrage: „Wie müssen wir uns organisieren, um das Problem zu knacken?" Dieses Lernprojekt ist die perfekte Metapher für den optimalen Umgang mit Komplexität.

Durchführung.
Ein Steuerungsteam und ein Aktionsteam haben die Aufgabe, einen Durchschlupf durch das Labyrinth zu finden. Der richtige Weg besteht aus der Farbfolge Rot, Gelb, Grün. Nach einer ersten Phase der Planung und Rollenklärung versuchen die Teams – zuerst von außerhalb – den richtigen Weg zu finden, da sie das Labyrinth noch nicht betreten dürfen. Erst nach einer gewissen Zeitspanne ist das Betreten des Feldes erlaubt. Zur Unterstützung dürfen dann einzelne Personen des Aktionsteams in der Rolle von „Meilensteinen" und „Sackgassen" auf dem Labyrinthfeld aufgestellt werden. Regelmäßige Teambesprechungen erlauben es, die Fortschritte zu verfolgen. Das Projekt gilt am Ende als abgeschlossen, wenn das Aktionsteam ein Markierungsseil auf dem korrekten Weg ausgelegt hat.

Akteure (min./opt./max.): 5/10/12.
Zeit (ohne Auswertung): 25–45 Minuten.
Platzbedarf: freie Fläche von 6 x 8 m.

Themen und Ziele.
Arbeiten im Projekt: Strukturieren des Projektteams, Rollenverteilung, Entwickeln von funktionierenden Kommunikationswegen und Ritualen, Umgang mit Komplexität, Wissen weitergeben.
Führung und Teamarbeit: zieldienliche Führungskommunikation, Absprachen, Feedback, Moderieren.
Moderationstraining: Zusammenfassen des Zwischenstandes, Überblick verschaffen, Gesprächsdisziplin einhalten.
Ziele erreichen: Zielkriterien, Ziele für Systeme entwickeln, Ziele formulieren.

Logik Color. Lieferumfang: Labyrinth–Tuch, Markierungsseil, 1 detaillierte Anleitung. Packmaß: 35 x 30 x 20 cm. Gewicht: 2,5 kg. Lieferung in der Stofftasche.

Best.-Nr. 1820. **225,00 € zzgl. MwSt.**

METALOG® training tools OHG, Sägmühlstr. 25 a, 82140 Olching, Tel.: 08142-418 37 10, Fax: 08142-418 37 11, E-Mail: trainingtools@metalog.de, Web: www.metalog.de

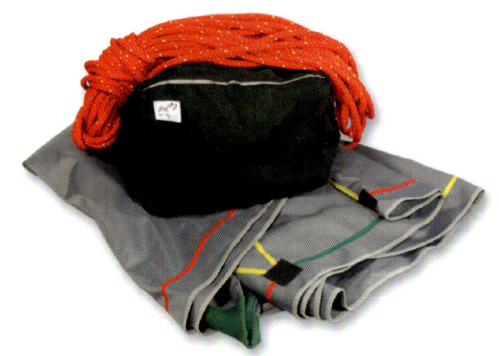

KultuRallye.
Regeln erleichtern das Leben. Meistens.

Lernprojekt. Explizite und implizite Regeln sind Ausdruck einer jeden Kultur. Ob es sich dabei um die Kultur einer Volksgruppe oder aber um Klassen- oder Schulkultur handelt, Regeln bestimmen das Zusammenleben. Der Umgang mit fremden Regeln ist Hauptthema dieses Lernprojekts.

Durchführung. Es beginnt ganz einfach. An jedem Tisch beginnen die Schülerinnen und Schüler mit speziell entwickelten Würfeln miteinander zu spielen. Dabei lernen sie die Regeln kennen. Nach kurzer Zeit darf nicht mehr gesprochen werden. Jetzt wechseln einige Schülerinnen und Schüler den Tisch und spielen an einem fremden Tisch weiter. Was diese jedoch nicht wissen: Die Regeln unterscheiden sich an jedem Tisch. Ohne zu sprechen, müssen sie jetzt mit der fremden Situation umgehen und entweder neue Regeln lernen oder die eigenen „importieren". Auf jeden Fall ohne Worte! Dieser sanft dosierte Kulturschock wirkt wie ein Augenöffner. Hier wird erlebbar, wie wir uns als Fremde in neuer Umgebung fühlen und was wir brauchen, um uns orientieren zu können.

Akteure (min./opt./max.): 8/12/16, XXL: bis zu 35.
Zeit (ohne Auswertung): 20–25 Minuten.
Platzbedarf: ca. 60 m² Fläche, für 4 Tische mit Abstand.

Themen und Ziele.
Interkulturelle Kommunikation: Umgehen mit Fremdem, Verstehen von fremden Kulturen, expliziten und impliziten Regeln.
Teamentwicklung: Entwickeln von gemeinsamen Regeln, z. B. bei der Bildung einer neuen Klasse, zu Beginn eines Schuljahres, um Regeln festzulegen.
Umgang mit neuen Rahmenbedingungen: neue Strategien entwickeln, sich in einer neuen Situation unter erschwerten Bedingungen orientieren.

KultuRallye. Für bis zu 16 Akteure: Lieferumfang: 8 Würfel, 320 Geldchips, 16 Kunststoffbecher, Spielanleitungen für 4 Tische, 1 detaillierte Anleitung. Packmaß: 38 x 33 x 12 cm. Gewicht: 3 kg inkl. Koffer. Lieferung im Holzkoffer.

KultuRallye XXL. Für max. 35 Akteure: Lieferumfang: 14 Würfel, 700 Geldchips, 35 Kunststoffbecher, Spielanleitungen für 7 Tische, 1 detaillierte Anleitung. Packmaß: 38 x 33 x 12 cm. Gewicht: 4 kg inkl. Koffer. Lieferung im Holzkoffer.

Best.-Nr. 1804. **145,00 €** zzgl. MwSt.
XXL. Best.-Nr. 1850. **230,00 €** zzgl. MwSt.

Gewaltprävention mit METALOG® training tools.
Jörg Köhler im Interview.

EmotionCards. 2 S. 6

METALOG: In welchen Bereichen arbeiten Sie mit Konzepten der Gewaltprävention?

Jörg Köhler: Natürlich an der Schule in meinen Rollen als Klassenlehrer, Erlebnispädagoge, Vertrauenslehrer, Sportlehrer und auch an Elternabenden. Aber auch im Strafvollzug mit Jugendlichen, in den Coolness-Trainings an Schulen und in den Kursen für Erwachsene und Jugendliche zum Thema Aggression, Wut und Stress, die ich zusammen mit meiner Frau Sabrina gebe.

Wann arbeiten Sie dabei mit METALOG® training tools?

Nahezu in jedem der genannten Bereiche. Die Tools sind einfach wunderbar, um das herauszuarbeiten, was wirklich wichtig ist: z. B. Effekte von Gruppendruck, die Dynamik in einem Konflikt und Wege, wie wir damit umgehen können.

Was braucht ein Lehrer, um mit den METALOG® training tools arbeiten zu können?

Also, erst einmal die Lust an einer Arbeitsweise, die von Interaktion und Praxis geprägt ist. Diese Arbeitsweise ist sehr konkret. Die Dinge werden einfach sofort sichtbar. Darüber hinaus treten hier häufig Effekte ganz spontan auf. Um diese nutzen zu können, ist es hilfreich, wenn man sich auf Gefühlsäußerungen einlassen kann. Dabei hilft mir besonders ein guter Kontakt zu den Kindern und Jugendlichen. Und zu guter Letzt ist sicher ein Schuss Humor auch hilfreich.

Wie sieht Ihre Arbeitsweise denn ganz konkret aus?

Ich fange normalerweise immer mit einer Interaktion an, z. B. einer Balljonglage. Dann versuche ich, Theorie mit Praxis zu verbinden. Dabei steht das Erleben im Mittelpunkt. Die Arbeit mit einem METALOG® training tool steht dann für eine konkrete Idee: Zum Beispiel verwende ich gerne das SysTeaming, um zu zeigen, dass eine Klasse ein empfindliches soziales System ist. Ich baue den Tisch so auf, dass er wie ein normaler Tisch aussieht und man nicht merkt, dass die Platte runterfallen kann. Jeder bekommt dann eine Figur in die Hand. Die Figuren sollen anschließend aufs Brett gestellt werden. Da wird sofort deutlich, dass jeder Einzelne sehr großen Einfluss hat. Es genügt nur eine kleine Aktion in die falsche Richtung, schon kommt das Ganze ins Wanken.

Oder die Arbeit mit dem Band: Alle sollen sich dabei innen aufstellen. Da spürt jeder das Gefühl, wie schön es ist, sich zu vertrauen, denn nur wenn ich mich zurücklehne, kann sich jeder andere auch zurücklehnen. Das Gefühl ist allerdings gepaart mit der Angst, hinzufallen. Das sind ganz konkrete Themen der jungen Leute.

Welche innere Haltung haben Sie bei der Arbeit mit Gruppen?

Eine zentrale Haltung und Strategie ist das wertschätzende Ankoppeln. Lehrer werden ja häufig von Schülern als „Widersacher", ja fast als „Feinde" gesehen. Bei mir wird zum Beispiel im Coolness-Training oder an Projekttagen jeder mit Handschlag begrüßt. Die Kiddies sollen merken, „der Köhler hat erst mal nix gegen mich". Und dann kriegen sie halt eine Herausforderung als Gruppe geboten. Da müssen sie sich zeigen und beweisen.

Was ist Ihre eigene Motivation?

Bei meiner Ausbildung zum Gestaltpädagogen wurde ich sensibilisiert: Das Erleben ist wirklich wichtig! Das fasziniert und begeistert mich seitdem. Außerdem habe ich selbst früher schlechte Erfahrungen mit Gewalt und auftretenden Aggressionen gemacht und mir wurde geholfen.

Wo sehen Sie Grenzen in der Arbeitsweise mit den METALOG® training tools?

Na ja, die Tools sind natürlich nicht das Allheilmittel für jeden und für jede schwierige Situation. Allerdings können wir, wenn wir sie richtig einsetzen, einiges damit bewegen.

Wie sieht Ihrer Meinung nach die Nachhaltigkeit der Wirkung dieser Arbeitsweise aus?

Erlebnisse bleiben einfach lange im Kopf. Auch die Eltern melden mir das immer wieder zurück. Um wirklich die Kultur einer Klasse zu verändern, ist es eben gut, regelmäßig mit solchen Aktionen zu arbeiten. Über Erinnerungsfotos lassen sich dann Erlebnisse auch gut konservieren. Da kann man dann immer wieder darauf zurückkommen.

Welche Wünsche haben Sie an zukünftige METALOG® training tools?

Gut wäre, wenn es noch mehr Tools für ganz große Gruppen so zwischen 30 und 35 Personen gäbe. Und wichtig wäre auch, dass es die Tools weiterhin in dieser „unkaputtbaren" Qualität gibt. Die Koffer sprechen einfach an. Das macht gleich viel mehr her, wenn ich mit einem Koffer ankomme, als mit irgendeinem selbst gezimmerten Material.

Workshop: „Gewaltprävention und Konfliktlösung ganz anders".

Zielgruppe.
Lehrerinnen und Lehrer aller Schulformen, Sozialpädagogen, Schulsozialarbeiter, Studierende sowie Interessierte anderer Berufsgruppen.

Darauf dürfen Sie sich freuen.
- Sie lernen direkt im Unterricht einsetzbare Methoden kennen, um auftretende Konflikte im Schulalltag sichtbar zu machen, sie anzugehen, zu formulieren und im Klassenverband oder in der Gruppe Lösungen zu finden.
- Sie erhalten Erfahrungswerte von Lehrern für Lehrer und an Schulen Beschäftigte. Alle Übungen und Spiele sind im Unterricht erfolgreich ausprobiert worden und werden im Workshop gemeinsam erlebt und erfahren.
- Das erfahrungsorientierte Lernen ist eine bisher in Schulen wenig genutzte Möglichkeit, anders als sonst üblich an auffällige Schüler heranzukommen. Wir erleben gemeinsam verschiedenste Prozesse, die in Konflikten ablaufen, und erfahren selbst, wie das System Schule hier reagieren kann.
- Sie lernen sofort einsetzbare spielerische Instrumente kennen, mit deren Hilfe es einfacher wird, „Tätern" Befindlichkeiten anderer deutlich zu machen und sie zu sensibilisieren. Die Verantwortung der Gruppe, der Klasse wird im erfahrungsorientierten Lernen betont.

Inhalte.
Formen von Gewalt, Vorstellung direkt einsetzbarer Übungen für den Schulalltag, direktes Ansprechen (Konfrontieren) von Konflikten, Klassen und Gruppen als Team, Vertrauen in der Klasse, Teamerfahrungen, Lehrer als Teil des Systems, zahlreiche Praxisbeispiele, Vorstellung verschiedener METALOG® training tools.

Sabrina Köhler ist seit 2000 als Hauptschullehrerin mit den Fächern Deutsch, Sport und Geschichte tätig. Als Agressionsberaterin und Streitschlichter-Trainerin unterstützt sie Jugendliche und Erwachsene bei der Entwicklung von Konfliktlösestrategien und beim Umgang mit dem Thema Aggression.

Jörg Köhler unterrichtet seit 1995 als Hauptschullehrer die Fächer Deutsch, Sport und Religion. Als Gestaltpädagoge setzt er sich seit Jahren mit Themen wie Lernmotivation, Gruppenprozessen, Gewaltprävention und Konfliktlösestrategien auseinander. Er hat Zusatzausbildungen u. a. in den Bereichen Coolness-Trainer, Körperarbeit, Anti-Aggressivitäts-Trainer.

Beide sind echte Praktiker mit vielen Jahren an „Felderfahrung". Mit viel Inspiration geben sie ihr Wissen an interessierte Kolleginnen und Kollegen weiter. Mit METALOG® training tools arbeiten sie seit vielen Jahren.

Werden Sie Gastschule!

Dürfen wir die Räumlichkeiten an Ihrer Schule für den Workshop „Gewaltprävention und Konfliktlösung ganz anders" nutzen?

- Bieten Sie an Ihrer Schule den Workshop „Gewaltprävention und Konfliktlösung ganz anders" an.
- Ihre Schule bekommt 4 kostenfreie Plätze im Workshop.
- Gemeinsam mit Ihnen wollen wir Lehrerinnen und Lehrer anderer Schulen aus Ihrer Region einladen.

Termine und Orte.
Aktuelle Termine und Orte finden Sie im Internet www.metalog.de/workshops/

Unkostenbeitrag.
25 € pro Person

Informationen.
08142-418 37 10, oder
trainingtools@metalog.de

Dieser Workshop
wird durchgeführt von

Leonardo's Bridge.
Gräben gemeinsam überwinden.

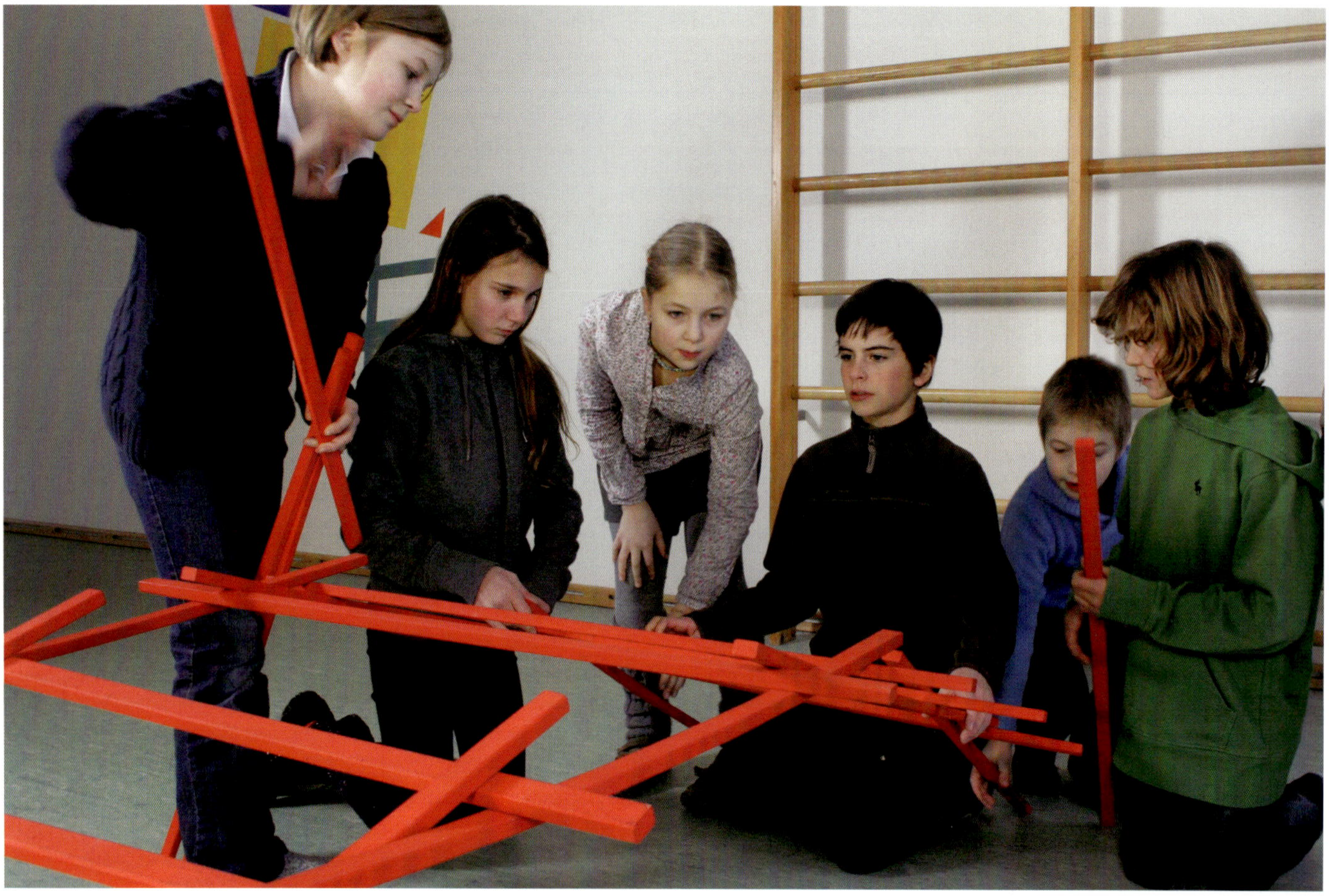

Lernprojekt.
Geistiger Vater dieser genialen Konstruktion ist kein Geringerer als Leonardo da Vinci, der bereits um 1480 die Idee hatte, eine transportable Brücke zu entwerfen, die ohne Werkzeug aufgebaut werden kann. Stabilität innerhalb einer Klasse und die Fähigkeit, gemeinsam „Gräben" zu überwinden, sind wichtige Ziele der Zusammenarbeit. Doch zunächst gilt es, die Brücke aufzubauen. Stellen Sie Ihre Klasse einmal vor diese Herausforderung! Der Brückenschlag fördert kreatives Denken und bietet den Schülerinnen und Schülern einen sichtbaren und nachhaltigen Erfolg.

Durchführung.
Die Klasse erhält die Aufgabe, aus 28 Stäben, ohne weitere Hilfsmittel, eine selbsttragende Brücke von 4 Metern Spannweite zu errichten. Nach einer ersten Ideensammlung in Kleingruppen planen alle Schülerinnen und Schüler den Brückenbau am Modell. Nur durch Koordination, Kreativität und Austausch von Wissen untereinander gelingt es, die Brücke zu bauen. Das Ergebnis ist eine selbsttragende Konstruktion, die sich hervorragend als Metapher für die Stabilität der Klassengemeinschaft nach außen und innen eignet. Der Brückenbau kann auch dem Zusammenwachsen zweier Gruppen, beispielsweise beim Zusammenlegen zweier Klassen oder im interkulturellen Kontext, dienen. Hierzu beginnen die Schülerinnen und Schüler den Aufbau an beiden Enden gleichzeitig, sodass sie die Brücke schließlich in der Mitte zusammensetzen können. Dieser symbolische Brückenschlag erfordert Abstimmung und gegenseitige Anpassung der Konstruktionsarten von beiden Teilgruppen. Für etwa 30 Akteure benötigen Sie zwei Sets Leonardo's Bridge.

Akteure (min./opt./max.): 6/10/14.
Zeit (ohne Auswertung): 45–60 Minuten.
Platzbedarf: 5 x 8 m Fläche.

Themen und Ziele.
Teamentwicklung: kommunizieren an Schnittstellen und bei Engpässen, koordinieren, zielorientiert arbeiten, interagieren.
Selbstorganisiertes Lernen: Wissen austauschen, kreativ sein, gemeinsames Planen.
Interkulturelle Kompetenz: Verhalten abstimmen, fremde Ideen und Sichtweisen akzeptieren.

Leonardo's Bridge. Lieferumfang: 28 Stäbe (Eschenholz, beschichtet, roter Kunststofflack), 28 kleine Stäbe für die Planung, 4 x 3 m Seil, 1 detaillierte Anleitung. Packmaß: 138 x 16 x 13 cm. Gewicht: 6,7 kg inkl. Tasche.

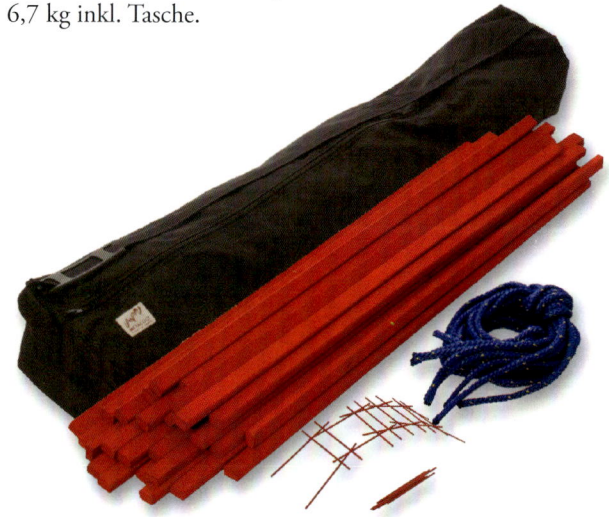

Best.-Nr. 1526. **230,00 € zzgl. MwSt.**

Das Band.
Das spannende Tuch für's Teamgefühl.

Lernprojekt.
Raum geben, kreativ sein, mit Team-Choreografie spielen. Das Band lässt Ihre Schülerinnen und Schüler am eigenen Leib das Gefühl erleben, von der Klasse umschlossen, gestützt und manchmal auch bewegt zu werden. Team-Körper-Lernen in Perfektion!

Durchführung.
Mikrokosmos (MK): Wer in seiner Klasse Momente echter emotionaler Begegnung fördern möchte, braucht einen geschützten Raum, der alle wie eine sichere Höhle umgibt. Stellen oder setzen Sie sich mit Ihren Schülerinnen und Schüler bequem in das Band, lehnen Sie sich zurück, fühlen Sie den gegenseitigen Halt und besprechen Sie, was es zu besprechen gibt.
Kreisverkehr (KV): 6–20 Schülerinnen und Schüler befinden sich im gespannten Band. Eine Person läuft plötzlich los und lässt sich an einer anderen freien Stelle von der weichen Wand auffangen; es folgt die nächste Person usw. Sobald die Klasse ein Gefühl dafür entwickelt hat, sich trotz der Dynamik gegenseitig zu stabilisieren, können Sie kontrolliert die Geschwindigkeit erhöhen. Mit viel Bewegung und Spaß lernen so die Schülerinnen und Schüler, aufeinander zu achten und Rücksicht zu nehmen.
Weg der Veränderung (WV): Alle Schülerinnen und Schüler stehen im Band. Jetzt entwickelt die Gruppe ein logisches System, mit dem Person für Person die Position innerhalb des Tuchs verändert. Währenddessen gilt es, eine Wegstrecke von ca. 30 m zurückzulegen. Nur mit echter Team-Choreografie gelingt es der Gruppe, den Weg tatsächlich zurückzulegen!

Akteure: Standardgröße: 4–16; XXL: bis zu 28.
Zeit (ohne Auswertung): KV: 10–20 Minuten; WV: 15–25 Minuten; MK: je nach Bedarf.
Platzbedarf: WV/KV: große Freifläche ohne Hindernisse
MK: 6 x 6 m Fläche.
Sicherheitshinweis: Das Lernprojekt sollte mit flachen Schuhen und ohne rutschige Bekleidung durchgeführt werden. Der Untergrund sollte so geartet sein, dass ein Ausrutschen ungefährlich ist.

Themen und Ziele.
Bewegung: koordiniertes und dynamisches Miteinander.
Teamentwicklung: WV, KV: koordinieren, Wechselwirkungen und Abhängigkeiten in Systemen, zusammenhalten, Rücksicht nehmen, Integration von Schwächeren/Außenseitern; MK: Feedback geben, reflektieren.
Rituale: MK: Geburtstagskreis, Verabschiedung, Klassenbesprechungen.
Begleiten von Veränderungsprozessen: Veränderung und Entwicklung als natürliches Phänomen erlebbar machen, Beachten von Rahmenbedingungen im Rollenwechsel, intuitive Kräfte der Selbstorganisation erlebbar machen.

Das Band. Lieferumfang: 1 Lycratuch, 1 detaillierte Anleitung. Packmaß: 38 x 33 x 12 cm. Gewicht: 3 kg inkl. Koffer. Lieferung im stabilen Holzkoffer. Lieferbar in den Längen: Standard (4,50 m für bis zu 16 Teilnehmer) und XXL (6,00 m für bis zu 28 Teilnehmer).

Standard (blau). Best.-Nr. 1540. **195,00 € zzgl. MwSt.**
XXL (rot). Best.-Nr. 1541. **210,00 € zzgl. MwSt.**

Team² ['ti:mkvadra:t].
Mehr als die Summe der einzelnen Teile.

Lernprojekt. Vielleicht kennen und lieben Sie diesen gruppendynamischen Klassiker aus den 70er-Jahren bereits genauso wie wir. Unsere Begeisterung ging so weit, dass wir ihn noch einmal weiterentwickelt haben. Die fünf ursprünglichen Formen haben wir um fünf neue erweitert. Damit können Sie unser Team² nicht nur mit doppelt so vielen Teilnehmern wie bisher durchführen, sondern auch den Schwierigkeitsgrad durch die Wahl einfacherer oder komplizierterer Formen beliebig beeinflussen. Mit dieser Herausforderung bringen Sie Ihre Klasse ins Schwitzen, denn nur durch effektive Kooperation wird die Aufgabe lösbar. Die verschiedenfarbigen Teile werden mit Lasertechnik aus Plexiglas geschnitten und haben dadurch eine sehr präzise Form und sind angenehm in der Handhabung.

Durchführung. Aufgabe ist es, die unterschiedlich geformten Teile zu Quadraten zusammenzufügen. Der Arbeitsauftrag wird schweigend nach bestimmten Regelvorgaben durchgeführt und ist erst erfüllt, wenn jeder einzelne Akteur vor sich ein gleich großes Quadrat auf der Tischplatte liegen hat. Dazu ist echter Teamgeist nötig: Für einzelne Quadrate kann es mehrere Lösungsmöglichkeiten geben, die gesamte Aufgabe ist aber tatsächlich nur durch eine einzige Kombination der Teile lösbar. Darum können einige Schülerinnen und Schüler ihre Quadrate nur vervollständigen, wenn andere bereit sind, ihre bereits fertiggestellten wieder aufzulösen, um die dringend benötigten Teile auszutauschen. Die Botschaft an Ihre Schülerinnen und Schüler ist deutlich: Hier liegt der Schwerpunkt der Aufgabe darin, das Ziel des Einzelnen dem Erfolg der Gruppe unterzuordnen.

Akteure (min./opt./max.): 5/10/12.
Zeit (ohne Auswertung): 15–30 Minuten.
Platzbedarf: Tisch mit mind. 1 x 1,20 m Fläche.

Themen und Ziele.
Teamentwicklung: nonverbal kommunizieren, zielorientiert handeln, interagieren, eigene Ziele dem Gesamtziel unterordnen, Engpässe erkennen, Verantwortung übernehmen.
Selbstorganisiertes Lernen: konzentrieren, fokussieren, durchhalten.

Team². Lieferumfang: 30 Teile (Plexiglas) für 10 Quadrate, 1 detaillierte Anleitung. Packmaß: 17 x 17 x 5 cm. Gewicht: 1 kg inkl. Box. Lieferung in einer formschönen Schatulle aus Buchen- und Birkenholz mit Schiebedeckel.

Best.-Nr. 1520. **220,00 €** zzgl. MwSt.

SysTeaming.
In Balance bleiben.

Lernprojekt. Eine bewegliche Platte mit Figuren darauf wird auf einem Ständer ins Gleichgewicht gebracht. Das fokussiert die Aufmerksamkeit der Schülerinnen und Schüler sofort und zieht sie in ihren Bann. Ein Bild mit vielfältigen Interpretationsmöglichkeiten: etwas in Balance bringen, Ausgleich schaffen, Wechselwirkungen erleben, aber auch das Umgehen mit Risiko und Veränderung. Erleben Sie Ihre Schülerinnen und Schüler bei dieser Herausforderung konzentriert und zielorientiert!

Durchführung. Die Schülerinnen und Schüler werden in Teams von 2–3 Personen aufgeteilt. Pro Tisch arbeiten 2–4 Teams. Je eine Person, der die Augen verbunden werden, ist der „Greifer", der die Figuren auf dem Brett bewegt. Ihm zur Seite steht ein Sehender, der „Sprecher", der ihn verbal anleitet, wie die Figuren bewegt werden sollen. Berührungen sind dabei nicht erlaubt. Ihrer Kreativität als Seminarleiter sind bei Zahl und Art der Inszenierungen keine Grenzen gesetzt.

Hier finden Sie einige bereits vielfach erprobte Varianten:

Abräumen: Die Figuren sind unregelmäßig auf dem Brett verteilt. Aufgabe der Teams ist es, das Feld komplett abzuräumen.

Bewegen: Die Platte wird durch einen Klebestreifen in der Mitte in zwei Felder aufgeteilt. Auf jedem Feld steht eine Hälfte der Figuren. Ziel ist es, mit möglichst wenigen Zügen alle Figuren in das jeweils andere Feld zu bekommen.

Daraufstellen: Auf die leere Platte wird in der Mitte ein 20 x 20 cm großes Feld mit Klebeband aufgebracht. Jetzt gilt es, alle Figuren Zug um Zug auf die Platte zu stellen, allerdings darf keine Figur in dem Feld selbst stehen. Am Ende soll die Platte ganz gerade auf dem Ständer liegen.

Akteure (min./opt./max.): 4/9/12.
Zeit (ohne Auswertung): 20–45 Minuten.
Platzbedarf: 3 x 3 m Fläche.

Themen und Ziele.
Teamentwicklung: Sender-Empfänger-Thematik darstellen, Missverständnisse ausräumen, aktiv zuhören, Informationsfluss steuern, Balance herstellen, Vertrauen aufbauen und fassen.

Selbstorganisiertes Lernen: Strategien entwickeln, trotz Informationsmangel zielorientiert und erfolgreich arbeiten, Verantwortung übernehmen, trotz Unsicherheit entscheiden, mit Risiken umgehen, Informationen aus zweiter Hand erhalten.

SysTeaming. Lieferumfang: 1 bewegliche Platte (Birke/Kork), 1 Sockel (Buche/Edelstahl), 16 Figuren (Buche), 3 Augenbinden, 1 detaillierte Anleitung. Packmaß: 70 x 72 x 9 cm. Gewicht: 8,4 kg. Lieferung in einer handgefertigten Spezialtasche.

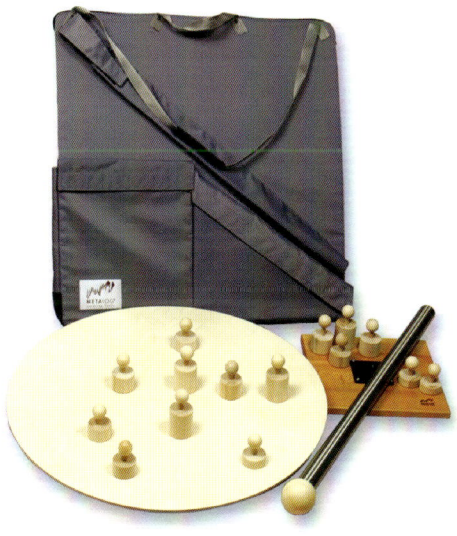

Best.-Nr. 1501. **350,00 € zzgl. MwSt.**

Authentische Sprechsituationen.
Handlungsorientierung im Fremdsprachenunterricht – ein Beitrag von Marcus Koch.

Kinder lernen durch Handeln, Agieren und Ausprobieren – im wahrsten Sinne des Wortes durch „Begreifen". Sie brauchen keine grammatischen Erläuterungen, um zu sprechen und zu schreiben. In ihrem ungesteuerten Sprachenerwerb tasten sie den ganzen sprachlichen Input ständig nach Sinn ab, vergleichen mit dem Vorwissen, bilden Hypothesen und testen diese. Im ungesteuerten Lernen wächst die Sprache. Ob und inwieweit der herkömmliche schulische Unterricht den Sprachentwicklungsprozessen genügend Rechnung trägt, lässt sich dabei sicherlich kontrovers diskutieren. Eine zusätzliche Schwierigkeit bei Sprachlerngruppen ist die Heterogenität, also das Leistungsgefälle innerhalb der Lerngruppe; dieses Gefälle bezieht sich nicht nur auf die Sprachfähigkeiten und den Sprachenzuwachs der Schüler, sondern auch auf die individuellen Lernvoraussetzungen, auf unterschiedliche Persönlichkeiten und vor allem auf die unterschiedlichen Lerntypen (VAKOG – visuell, auditiv, kinästhetisch, olfaktorisch, gustatorisch).

Die Heterogenität führt somit oft zu Unter- oder Überforderung mit der Folge, dass die Schülerinnen und Schüler „aussteigen" und sich nicht mehr aktiv am Unterricht beteiligen. Die Motivation schwindet, der Lernzuwachs stagniert …

Es bedarf daher neuer didaktischer Überlegungen, das individuelle Sprachwachstum zu fördern.

Hier hat sich der handlungsorientierte Sprachunterricht als besonders wirksam erwiesen. Denn: Wer sich mit Sprache beschäftigt, der erlebt diese ganz unmittelbar und zweckmäßig und erfährt, dass er die Sprache als Akteur benutzen kann, um damit etwas zu erreichen. Wissen wir nicht seit Langem, dass der Mensch 70 % von dem behält, was er selbst sagt, und sogar bis zu 90 % von dem, was er selbst tut? Das Zusammenspiel von Sprachanwendung und konkreter Erfahrung befähigt die Lernenden, ihr Sprachkönnen situationsgerecht zu erwerben. Das wiederum steigert die Behaltensleistung und führt damit zu nachhaltigem und erfolgreichem Sprachenlernen.

Und genau an dieser Stelle kommen die Tools von METALOG zu einem effektiven Einsatz. Denn sie bedienen die Wirkfaktoren des ganzheitlichen Lernens im Fremdsprachenunterricht auf vielfältige Weise: Diese Arbeitsweise integriert alle Sinne in den Lernprozess – multisensorisches Lernen wird möglich.

Der visuelle Lerner wird angesprochen durch die ästhetische Aufmachung der Materialien, er schafft sich einen Überblick über die zu bewältigende Aufgabe, er will den Sinn der Aufgabe „einsehen" können, wobei ihn die Einfachheit und große Wirkung der Tools faszinieren.

Der auditive Lerner muss Gesagtes in Handlung umsetzen. Da der auditive Lerntyp aber im Sprachunterricht auch einen hohen eigenen Sprechanteil schätzt, kommt er hier durch die geleitete Struktur und Rollenverteilung bei den Tools auf seine Kosten.

Der kinästhetische Lerntyp kann seinem Bewegungsdrang bei der Umsetzung der Aufgaben auf ideale Weise nachkommen, er kann im wahrsten Sinne des Wortes „Hand" anlegen.

Mit diesem lernbiologisch fundierten Ansatz schaffen Sie also im Sprachunterricht ein Lernangebot für die unterschiedlichen Lerntypen bzw. für die unterschiedlichen Anteile im Lerner und sprechen so den Lerner in seiner Gesamtheit an.

Die METALOG® training tools sind Metaphern für das Erleben im Alltag. Sie erzeugen authentische Sprechsituationen. Die Teilnehmer bauen während der Interaktion einen positiven emotionalen Zustand in der Gruppe auf. Die Kommunikation, die sonst oft zwischen Lernern und Lehrer im Wechsel abläuft, findet nun zwischen den Lernenden statt. Der Lehrer wird zum Beobachter und Moderator. Der Austausch und das gemeinsame Erleben wird gefördert, die Gruppenressourcen werden aktiviert, die Gruppe wird wichtig gemacht … Wenn Sie dann die Gruppe auch noch über ihr Erlebtes in der Zielsprache sprechen lassen, wird dies die kommunikativen Fähigkeiten der Lerner in großem Maße aktivieren.

Die Tools sind in ihrer hohen Multifunktionalität in diversen Kontexten einsetzbar und können so unterschiedliche Sprechsituationen kreieren, die ihrerseits wiederum unterschiedliche linguistische Mittel erfordern. Gleichzeitig stellen sie im Fremdsprachenunterricht eine gelungene Rhythmisierung zwischen Anspannung und Entspannung dar, sind unterhaltende und kurzweilige Interaktionsaufgaben. Langes Sitzen in den Stuhlreihen wird ersetzt durch lustvolles Aktivwerden.

Lernhemmende Faktoren (z. B. ist Grammatik bei vielen Lernern eher negativ besetzt, hat mit Regeln zu tun, ist abstrakt und schwer verständlich) werden durch die Umkehr des Lernens (Praxis vor Theorie) zu lernfördernden, suggestiven Faktoren umgewandelt (die Lerner nutzen syntaktisch richtige Strukturen, ohne diese grammatisch benennen zu können).

Einsatzmöglichkeiten ausgewählter METALOG® training tools hier im Englischunterricht:

SysTeaming
Conditional I: "If we take this one, the table will go down on this side."
Making suggestions: "Why don't we …? / What about …? / If I were you, I'd …" usw.

Pfadfinder
Präpositionen / Richtungsanweisungen: "… one field to the right …"
Imperative: "Take one step forward!", "Go one step to the right!"
Alle grammatischen Zeiten (Felder mit Bildern belegen, die versprachlicht werden müssen): "I'm going to visit the Tower when I am in London."

Tower of Power
Adverbien: "We need to do this more slowly."
Richtungsanweisungen: "It might be a good idea to move more to the right."
Imperative: "Don't pull so hard."
Diskussionen (Ranking: Welcher Beruf beinhaltet den höchsten Grad von Stress?, Welches sind die beliebtesten Urlaubsziele der Deutschen?, Welche Werte sind in unserer Gesellschaft am wichtigsten? usw. Dabei kleben die Berufe / Urlaubsziele / Werte auf den Klötzen und werden entsprechend diskutiert und dann gestapelt)
Aufbau einer E-Mail (Strukturteile werden auf Klötze geklebt, Lerner diskutieren und setzen die Struktur visuell um): subject line, greeting, opening sentence, body, closing sentence, complimentary note, signature.

Workshop: „Handlungsorientierter Fremdsprachenunterricht".

Zielgruppe.
Lehrerinnen und Lehrer aller Schulformen, die Fremdsprachen unterrichten, Sprachentrainer von privaten Bildungsinstituten, Studenten und Interessierte anderer Berufsgruppen.

Darauf dürfen Sie sich freuen.
Sie lernen im Unterricht sofort einsetzbare Methoden kennen, um Ihren Fremdsprachenunterricht handlungsorientiert zu gestalten. In praktischen Übungen lernen Sie verschiedene METALOG® training tools und ihre Einsatzweise kennen. So erleben Sie aus der Perspektive des Lernenden die Unterschiede, die durch diese Arbeitsmethode erzielt werden können. Durch das Phänomen der Defokussierung wird Sprache im handlungsorientierte Kontext natürlich genutzt, was den Praxistransfer dann deutlich erleichtert. Ganz gleich, ob mit Grammatikschwerpunkt oder im Brennpunkt kommunikativer Auseinandersetzung – die METALOG® training tools bringen Gruppen auch fremdsprachlich ins Schwingen.
Inhalt.
Multisensorisches Lernen, Kreieren von Sprechsituationen mit Unterstützung verschiedener METALOG® training tools, zahlreiche Praxisbeispiele.

Marcus Koch (45) arbeitet seit 23 Jahren als Trainer, Berater, Konzeptor, Coach und Teacher-Trainer in ganz Deutschland. Als zertifizierter Ausbildungstrainer für ganzheitliches Lernen und Lehren sind ihm das multisensorische Lernen (Lernen mit allen Sinnen), eine ausgewogene Rhythmisierung im Unterricht, die Wichtigkeit von Gruppenprozessen sowie lernfördernde Faktoren ausgesprochen wichtig. Denn nur wenn etwas „merkwürdig" inszeniert ist, ist es des „Merkens würdig". Und genau hier setzt er in unzähligen Trainings mit Auszubildenden bis hin zu Führungskräften die METALOG® training tools im Fremdsprachentraining ein.
Als Mitautor zweier Bücher („Trainieren mit Herz und Hand", 2005, und „Spiele für Workshops und Seminare", 2006) weiß er zudem fremdsprachliche Aktivitäten lustvoll und nachhaltig zu inszenieren.

Werden Sie Gastschule!

Dürfen wir die Räumlichkeiten an Ihrer Schule für den Workshop „Handlungsorientierter Fremdsprachenunterricht" nutzen?

- Bieten Sie an Ihrer Schule den Workshop „Handlungsorientierter Fremdsprachenunterricht" an
- Ihre Schule bekommt 4 kostenfreie Plätze im Workshop
- Gemeinsam mit Ihnen wollen wir Lehrerinnen und Lehrer anderer Schulen aus Ihrer Region einladen

Termine und Orte.
Aktuelle Termine und Orte finden Sie im Internet www.metalog.de/workshops/

Unkostenbeitrag: 25 € pro Person.

Informationen.
08142-418 37 10, oder
trainingtools@metalog.de

Dieser Workshop
wird durchgeführt von

Tower of Power.
Für Teams, die hoch hinauswollen.

Lernprojekt. Eine gute Klassengemeinschaft kann eine wichtige Unterstützung für jeden einzelnen Schüler beim Erreichen seiner Ziele und der Entwicklung seiner Persönlichkeit sein. Doch wie sieht so eine Klassengemeinschaft aus? Beim Tower of Power kann sich Ihre Klasse damit auseinandersetzen: „Wie wollen wir miteinander sprechen?", „Was ist uns in der Zusammenarbeit wichtig?". Diese und weitere Fragen wollen gemeinsam beantwortet werden. Die Antworten sind der Schlüssel zu einer guten Klassengemeinschaft.
Durchführung. In einem abgegrenzten Bereich werden 8 Bauteile senkrecht stehend auf dem Boden verteilt. Jede Schülerin und jeder Schüler greift ein Seilende (oder mehr, je nach Zahl der Akteure; bei Bedarf können auch einzelne Seile entfernt werden). Aufgabe ist es, gemeinsam den an den Seilen befestigten Kran zu steuern und damit die Bauteile aufeinander zu stellen, um so einen Turm zu bauen. Dabei gilt stets die Vorgabe, dass die Bauteile von den Schülerinnen und Schülern mit keinem Körperteil berührt werden dürfen. Dies ist eine wackelige Angelegenheit. Die Konstruktionsweise der Bauteile erlaubt kein hektisches und unkoordiniertes Vorgehen. Die Aufgabe ist also nur durch genaue Absprache und organisiertes, gemeinsames Handeln der Klasse lösbar.
Variante: Lassen Sie Ihre Klasse ein „Haus" mit 3 Stockwerken bauen. Auf diesem Weg entgehen Sie einem möglichen Umfallen des Turms in der klassischen Variante. Fehler beim Bau können so leicht integriert werden.

> **Themen und Ziele.**
> **Teamentwicklung:** effektiv kommunizieren, kooperieren, aktiv zuhören, Balance herstellen, arbeiten mit Wertvorstellungen der Klasse.
> **Selbstorganisation:** planvolles Vorgehen; unter Zeitdruck arbeiten.
> **Kommunikationstraining:** Metakommunikation, moderieren, umgehen mit unterschiedlichen Blickwinkeln.

Akteure (min./opt./max.): 6/12/24; **XXL:** bis zu 34.
Zeit (ohne Auswertung): 10–45 Minuten.
Platzbedarf: 8 x 8 m Fläche.

Tower of Power. Bis 24 Akteure: Lieferumfang: 1 Kran (Buche/Edelstahl) mit 24 robusten Flechtschnüren (2 m x 3 mm, 8-fach geflochten), 8 Bauelemente aus massivem Buchenholz, 1 detaillierte Anleitung. Packmaß: 38 x 33 x 14 cm. Gewicht: 6,6 kg inkl. Koffer. Lieferung im Holzkoffer.

Tower of Power XXL. Bis 34 Akteure: Lieferumfang: 1 Kran (Buche/Edelstahl) mit 34 robusten Flechtschnüren (2 m x 3 mm, 8-fach geflochten), 8 Bauelemente aus massivem Buchenholz, 1 detaillierte Anleitung. Packmaß: 38 x 33 x 14 cm. Gewicht: 7 kg inkl. Koffer. Lieferung im Holzkoffer.

Standart. Best.-Nr. 1534. **190,00 €** zzgl. MwSt.
XXL. Best.-Nr. 1551. **220,00 €** zzgl. MwSt.

Kugelbahn.
Bringen Sie die Kommunikation ins Rollen!

Lernprojekt. Bei dieser Konstruktionsaufgabe sind Ihre Kinder und Jugendlichen mit Feuereifer dabei! Informationsaustausch und Kooperation sind die Herausforderungen in diesem Lernprojekt. Beim Bau der Kugelbahn erfahren Ihre Schülerinnen und Schüler unmittelbar, welche entscheidende Rolle effektive Kommunikation spielt, wenn es darum geht, unabhängig voneinander gemeinsame Ziele zu erreichen.

Durchführung. Die Schülerinnen und Schüler erhalten die Aufgabe, in zwei separat agierenden Gruppen mit bereitgestelltem Material jeweils eine Kugelbahn zu bauen. Am Ende sollen sowohl Konstruktionsweise als auch Durchlaufzeit der Kugeln bei beiden Bahnen gleich sein. Die Kommunikation der Gruppen untereinander wird mit Botschaftern organisiert. Dabei dürfen Informationen nur mündlich weitergegeben werden. Wenn die technischen Hilfsmittel vorhanden sind, kann auch per Walkie-Talkie oder E-Mail im Netzwerk kommuniziert werden. Für etwa 30 Akteure ist es komfortabel mit zwei Sets der Kugelbahn zu arbeiten. Dabei werden dann vier baugleiche Kugelbahnen konstruiert.

Themen und Ziele.
Teamentwicklung: kommunizieren an Schnittstellen und bei Engpässen, koordinieren, sich absprechen, mediengestützt kommunizieren.
Interkulturelle Kommunikation: Kommunikation zwischen zwei Kulturen und Wertesystemen.
Selbstorganisiertes Lernen: Wissen verbalisieren und weitergeben, kreativ sein, gemeinsames Planen.

Akteure (min./opt./max.): 6/14/20.
Zeit (ohne Auswertung): 60–90 Minuten.
Platzbedarf: zwei optisch getrennte Flächen à 6 x 6 m.

Kugelbahn. Lieferumfang: 40 Buchenstäbe mit Außengewinde und 40 Verbindungsteile mit Innengewinde, 2 Schläuche (Polyurethan mit Spezialummantelung), 6 Holzkugeln, Befestigungsbänder, 1 detaillierte Anleitung. Packmaß: 59 x 40 x 29 cm. Gewicht: 19 kg inkl. Koffer. Lieferung im stabilen Trainerkoffer aus Aluminium.

Best.-Nr. 1509. **350,00 € zzgl. MwSt.**

Zauberstab.

Wenn die eine Hand nicht weiß, was die andere tut.

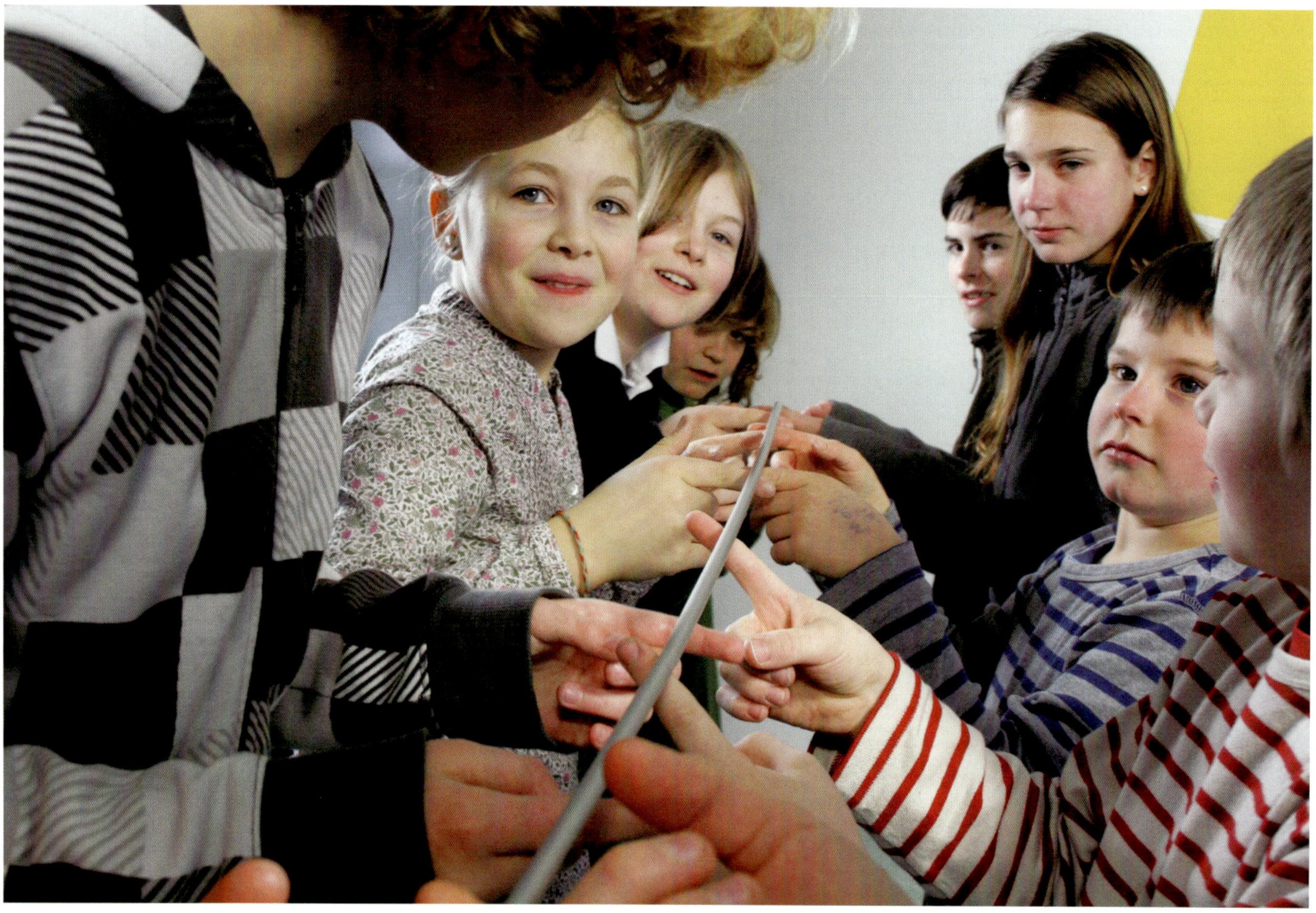

Lernprojekt. Ein kleines Lernprojekt mit großer Wirkung: Innerhalb kurzer Zeit verhelfen Sie Ihren Schülerinnen und Schülern zu einem gemeinsamen Lernerfolg! Der Umgang mit dem Zauberstab fordert von der Gruppe viel Konzentration und gutes Koordinieren.

Durchführung. Die Schülerinnen und Schüler stehen sich in zwei Reihen gegenüber. Auf die ausgestreckten Zeigefinger legt die Lehrkraft den Zauberstab und drückt ihn sanft nach unten. Aufgabe ist es, den Stab auf dem Boden abzulegen. Dabei gilt eine einzige Regel: Niemand darf den Fingerkontakt mit dem Stab verlieren. Doch sobald die Lehrkraft loslässt, bewegt sich der Zauberstab nach oben statt nach unten! Der Grund: Beim Versuch, den Kontakt mit diesem extrem leichten Stab (durch eine spezielle Aluminiumlegierung nur 200 g bei 4 m Länge) zu halten, drückt jede einzelne Schülerin und jeder einzelne Schüler unbewusst leicht nach oben. Der Stab folgt dieser Bewegung. Nur durch detaillierte Absprache, Konzentration, Selbstorganisation und Moderation ist das Ziel erreichbar.

Akteure (min./opt./max.): 6/12/22.
Zeit (ohne Auswertung): 5–15 Minuten.
Platzbedarf: 8 x 5 m Fläche bei voller Stablänge.

Themen und Ziele.
Teamentwicklung: kommunizieren, zielorientiert handeln, interagieren, moderieren.
Selbstorganisiertes Lernen: konzentrieren, fokussieren, mit Misserfolg umgehen, aus Fehlern lernen.

Zauberstab. Lieferumfang: 1 Zauberstab (4 Aluminiumrohre à 1 m Länge, mit Gewinde), 1 detaillierte Anleitung. Packmaß: 106 x 3 x 3 cm. Gewicht: 600 g inkl. Behälter. Lieferung im praktischen Transportrohr aus Kunststoff.

Best.-Nr. 1506. **120,00 € zzgl. MwSt.**

METALOG® training tools OHG, Sägmühlstr. 25 a, 82140 Olching, Tel.: 08142-418 37 10, Fax: 08142-418 37 11, E-Mail: trainingtools@metalog.de, Web: www.metalog.de

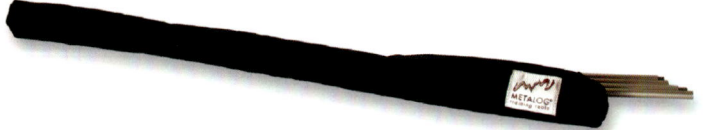

Kettenreaktion.
Der Domino-Event.

Lernprojekt. Spannung und Enthusiasmus sind hautnah erlebbar, wenn die Schülerinnen und Schüler ihre bunten Steine mit vorsichtiger Hand platzieren. Denn es gilt, in einer begrenzten Zeit eine Dominowelt zu erschaffen. Wie in einem Projekt arbeiten verschiedene Teilteams an Abschnitten eines größeren Ganzen. Dabei sind zahlreiche Herausforderungen zu bestehen und bestimmte Vorgaben zu erfüllen. Wird es die Gruppe schaffen, die Steine so zu platzieren, dass davon am Ende mindestens 75 % umfallen werden?

Durchführung. Nach dem Startschuss geht die Klasse fieberhaft ans Arbeiten. Koordiniert durch „Moderatoren", gilt es konzentriert Lösungen für die verschiedenen baulichen Herausforderungen zu entwickeln. Immer wieder ist ein „… oh nein, nicht schon jetzt …" zu hören, wenn irgendjemand aus Versehen einen Teil der bereits mühevoll aufgestellten Dominoschlange zum blitzartigen Umfallen bringt. Nur die eingebauten „Notbremsen" – zwei aus der Kette herausgenommene Steine – unterbrechen die vorzeitige Kettenreaktion. Hoch konzentriert werden Schnittstellen zwischen Teilabschnitten des Projektes geklärt, damit am Schluss alles parat steht für den großen Moment: die Auslösung der finalen Kettenreaktion. Denn mindestens drei Viertel der Steine sollen nach dem Start von selbst umfallen. Um dies zu erreichen, gilt es ein Gespür für den richtigen Abstand der Steine zu entwickeln und in unterschiedlichen Testphasen die Funktionstüchtigkeit von Abzweigungen, Kreuzungen, Höhenunterschieden und anderen Herausforderungen zu meistern. Die „Moderatoren" sorgen dabei für den Kommunikationsfluss zwischen den Teilteams und laden die gesamte Klasse immer wieder ein, selbst entwickelte Teamrituale zur Motivation einzusetzen.

Akteure (min./opt./max.): 5/15/35 bei einem Set.
Zeit (ohne Auswertung): 45–60 Minuten.
Platzbedarf: Seminarraum oder Outdoor mit mindestens 25m². Optimal sind 50–100 m².

Themen und Ziele.
Arbeiten im Team: gemeinsam kreative Lösungen entwickeln, kommunizieren an Schnittstellen, Verwenden von Teamritualen.
Selbstorganisiertes Lernen: Projekte planen und durchführen, konzentriertes Arbeiten, Koordination von Teilteams, Kommunikationswege im Projekt.

Kettenreaktion. Lieferumfang: Grundset für bis zu 35 Akteure: 750 Teamdominosteine in 5 Farben (Weiß, Schwarz, Blau, Grün, Rot) in 5 separaten Beuteln, 1 detaillierte Anleitung. Packmaß: 54 x 36 x 27 cm. Gewicht: 9,5 kg. Lieferung in einer stabilen Transporttasche.

Best.-Nr. 1810. **350,00 € zzgl. MwSt.**

Easy Spider.
Gemeinsam durch dick und dünn.

Lernprojekt. Eine Vertrauensübung auf hohem Niveau, bei der die ganze Klasse gefordert und gegenseitiges Unterstützen der Schlüssel zum Erfolg ist! Wir haben den Klassiker „Spinnennetz" weiterentwickelt: Durch unsere neue, innovative Fädelung verheddert das Netz nicht beim Transport. Mit etwas Übung bauen Sie es daher in weniger als fünf Minuten auf! Die Größe der einzelnen Löcher ist variabel. Das Netz ist in der Höhe von 180 bis 250 cm verstellbar, in der Breite von 250 bis 350 cm. Eine ideale Ergänzung zu Easy Spider ist unser Spider Rahmen und sind die Teleskopstangen. Mit diesen Ergänzungen können Sie das Spinnennetz jederzeit problemlos frei in Räumen aufstellen...

Durchführung. Vor dem Eintreffen der Klasse bereitet die Lehrkraft das Spinnennetz vor, indem sie es zwischen zwei Bäumen oder anderen Befestigungspunkten aufspannt.
Die Schülerinnen und Schüler bekommen die Aufgabe, das Netz von der einen auf die andere Seite zu durchqueren. Dabei darf jedes Loch nur ein einziges Mal verwendet werden. Jede Berührung mit dem Netz ist verboten und wird mit vorher vereinbarten Sanktionen geahndet. Wie schafft es die Klasse, ihre Ressourcen so zu organisieren, dass die Aufgabe lösbar wird?

Themen und Ziele.
Teamentwicklung: interagieren, koordinieren, vertrauen, zusammenhalten, Gruppengefühl erzeugen.
Selbstorganisiertes Lernen: Bedeutung von Planung, Konzentration, mit Engpässen umgehen, Zeitmanagement.

Akteure (min./opt./max.): 8/17/34.
Zeit (ohne Auswertung): 20–60 Minuten.
Platzbedarf: 5 x 8 m Fläche.

Spider Rahmen.

Easy Spider. Lieferumfang: 1 Netz mit 17 größenverstellbaren Zellen aus hochelastischem Gummiseil (16-fach umflochten), 4 Spanngurte (4 m) mit Klemmschloss, 2 detaillierte Anleitungen zu Aufbau und Durchführung. Packmaß: 34 x 25 x 11 cm. Gewicht: 2,6 kg inkl. Koffer. Lieferung im Holzkoffer.
Teleskopstangen (ohne Abbildung). Zur Befestigung des Easy Spiders im Seminarraum. Ausziehbar auf bis zu 2,90 m Länge. Lieferumfang: 2 Teleskopstangen. Packmaß: 16 x 16 x 160 cm. Gewicht 4,9 kg.
Spider Rahmen. Dieser frei stehende Rahmen erlaubt es das Easy Spider sowohl indoor, als auch outdoor unabhängig von Pfeilern oder Bäumen aufzubauen. Sie benötigen dazu lediglich einen ebenen Untergrund. Handgeschweißte Eschenholz-Edelstahl-Konstruktion in Metalog Qualität. Lieferumfang: 12 Teile, 1 Anleitung. Packmaß: 120 x 16 x 16 cm. Gewicht: 6 kg.

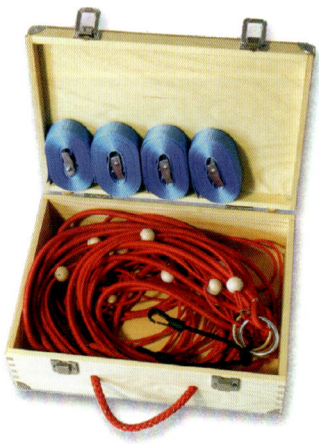

Easy Spider. Best.-Nr. 1517. **170,00 € zzgl. MwSt.**
Teleskopstangen. Best.-Nr. 1523. **80,00 € zzgl. MwSt.**
Spider Rahmen. Best.-Nr. 1522. **195,00 € zzgl. MwSt.**

Pfadfinder.
Auf die richtige Spur kommen.

Lernprojekt. Beim gemeinsamen „Pfad-Finden" erfahren Ihre Schülerinnen und Schüler, wie es ist, Teil eines erfolgreichen Lernteams zu sein: eines Lernteams mit einem gemeinsamen Ziel, das eine Strategie entwickelt, aus seinen Fehlern lernt und letztendlich durch gute Zusammenarbeit erfolgreich ans Ziel gelangt.

Durchführung. Mit einem Budget von 10 x 1.000 Euro bekommt die Gruppe den Auftrag, den versteckten Weg durch ein vorgegebenes Feld zu finden. Nach kurzer Planungszeit führt die Gruppe die Aufgabe schweigend durch. Allerdings gibt es überall Fallen und Stolpersteine, die den Weg behindern. Bei einem Fehltritt ertönt das Signal der Lehrkraft. Solche unvermeidbaren Fehler werden nicht sanktioniert. Wiederholt die Gruppe allerdings denselben Fehltritt – handelt es sich also um einen vermeidbaren Fehler – ertönt erneut das Signal und die Gruppe muss 1.000 Euro bezahlen. Durch gegenseitige Unterstützung und gemeinsames Lernen schafft es die Gruppe, eine Strategie zu entwickeln und möglichst wenig Budget zu verbrauchen, sodass am Ende alle Schülerinnen und Schüler das Feld durchqueren können. Dabei gilt es, die Schwächen Einzelner auszugleichen und ohne zu sprechen – also rein nonverbal – eine gemeinsame Vorgehensweise zu entwickeln.

Die Wendung: Das Tuch ist auch dafür geeignet, das Lernprojekt „Die Wendung" durchzuführen. Hier stellt sich die gesamte Gruppe auf das Tuch. Jetzt hat sie die Aufgabe, das Tuch zu wenden, ohne jedoch vom Tuch herunterzusteigen. Mit Strategie und Planung ist auch diese Herausforderung zu meistern!

Namenlernen: Namenlernen einmal anders: Es werden zwei Gruppen gebildet. Diese „verstecken" sich rechts und links hinter dem Pfadfinder, der von zwei Personen gehalten wird. Jede Gruppe bestimmt still eine Person, die sich direkt an das Tuch heransetzt. Auf gemeinsames Kommando wird das Tuch fallengelassen. Wer den Namen des Gegenübers zuerst nennt, hat diese Runde gewonnen. Der „Verlierer" muss in die Gewinnergruppe wechseln. Ziel ist es, alle Personen jeweils auf die eigene Seite zu bekommen.

Themen und Ziele.
Teamentwicklung: Interagieren, Feedback, Entstehung eines Lernteams, Integration von Schwächeren, aus Fehlern lernen.
Kommunikationstraining: Wahrnehmen von körpersprachlichen Signalen, Sender-Empfänger-Thematik.

Akteure (min./opt./max.): 6/12/18.
Zeit (ohne Auswertung): 20–40 Minuten.
Platzbedarf: 5 x 6 m.

Pfadfinder. Lieferumfang: waschbares Tuch, Signalpfeife, 20 Geldscheine aus Holz, 1 detaillierte Anleitung. Packmaß: 38 x 37 x 12 cm. Gewicht: 3 kg. Lieferung in einer Tragetasche.

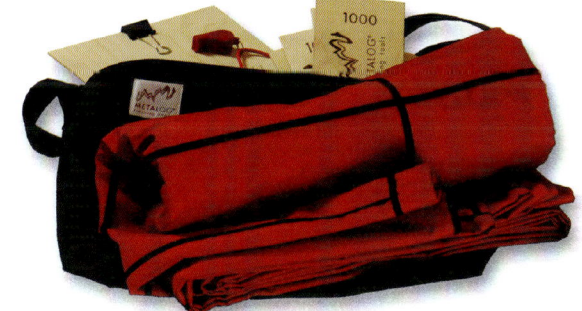

Best.-Nr. 1805. **175,00 € zzgl. MwSt.**

METALOG® training tools Workshop.
Sehen Sie! Hören Sie! Fühlen Sie!

METALOG® training tools sind flexibel einsetzbare Interaktionsaufgaben und Lernprojekte für den Indoor- und Outdoor-Einsatz. Sie faszinieren und begeistern durch ihre Einfachheit und die große Wirkung. Lerninhalte wie Kommunikation, Teamfähigkeiten, Rollen, Führung, etc. lassen sich so mit allen Sinnen begreifen.

Erleben Sie an zwei einzeln buchbaren Tagesworkshops (erst Basisworkshop: MTT1 und dann Aufbauworkshop: MTT2) eine große Vielfalt an METALOG® training tools und deren Einsatzmöglichkeiten.

Zielgruppe. Trainer, Berater, Therapeuten, Pädagogen und Lehrer, Personalentwickler, Neugierige mit Interesse an handlungs- und erfahrungsorientiertem Lernen und dessen Umsetzung mit Gruppen.

Darauf dürfen Sie sich freuen.

- Sie probieren die METALOG® training tools selbst aus und diskutieren in der Gruppe die Einsatzmöglichkeiten.
- Sie erhalten Anregungen, um handlungsorientiertes Lernen auch in Ihre Seminare und Trainings einzubauen.
- Ihr „Methoden-Werkzeugkasten" wächst. Sie besitzen einen größeren Fundus an Lernmetaphern und erweitern Ihre Fähigkeiten, Lernprojekte gezielt zu inszenieren.
- Die Teilnehmenden Ihrer Workshops und Trainings lernen lustvoll, indem sie selbst aktiv werden. Freuen Sie sich also auf viel begeistertes Feedback.
- Ihre Arbeit als Trainer wird einfacher, denn Sie lernen Methoden kennen, mit denen die Teilnehmenden das Gelernte selbst aus- und bewerten können.
- Ihre Arbeit als Trainer wird nachhaltiger, denn Sie erlernen Methoden für Praxis-Transfer in die Alltagswelten der Teilnehmer.

Basisworkshop (MTT1):

Inhalte aus der METALOG® Methode:
- Das Lernprojekt als Metapher
- Zielorientiertes Inszenieren einer Interaktionsaufgabe
- Interventionen gestalten
- Auswerten von Interaktionsaufgaben

METALOG® training tools in Aktion: Das Band, Teamnavigator, Team², KommunikARTio, SysTeaming, Leonardo's Bridge, Tower of Power, Pipeline.

Aufbauworkshop (MTT2):

Inhalte aus der METALOG® Methode:
- Arbeit mit Skalierungen
- Maßschneidern von Interaktionsaufgaben
- Unterschiedliche Auswertungsmethoden

METALOG® training tools in Aktion: Flottes Rohr, Pfadfinder, KultuRallye, WortSpiel, Kettenreaktion, EmotionCards, Moderationsbälle.

Während der Workshops wird die Verwendbarkeit der METALOG® training tools für vielfältige Einsatzbereiche erklärt, darunter: Teamentwicklung, Vertrauensbildung, Führungskommunikation, Projektmanagement, Schnittstellenkommunikation, Kommunikationsstrategien in verschiedenen Kontexten, Feedback, Selbstorganisation, systemisches Coaching, Arbeitsteilung, Arbeitsqualität, Abhängigkeit zwischen Einzelaufgaben im Team und dem Gesamtziel, spielerisches Aktivieren.

Wenn Sie bereits den Basisworkshop MTT1 besucht haben, kommen Sie doch einfach zum Aufbauworkshop MTT2!

Termine 2011/2012.

Workshops.

DATUM			RAUM	
10. - 11.	März	2011	Frankfurt a. M.	MTT1/2
22.	März	2011	Rostock	MTT2*
24.	März	2011	Rostock	MTT1*
14. - 15.	April	2011	Berlin	MTT1/2
5.	Mai	2011	Würzburg	MTT1
26. - 27.	Mai	2011	Stuttgart	MTT1/2
16. - 17.	Juni	2011	Köln	MTT1/2
6.	Juli	2011	Leipzig	MTT1
7. -8.	Juli	2011	München	MTT1/2
24. -25.	August	2011	Hamburg	MTT1/2
29. - 30.	September	2011	Frankfurt a. M.	MTT1/2
20. - 21.	Oktober	2011	Berlin	MTT1/2
15. - 16.	November	2011	Köln	MTT1/2
15. - 16.	Dezember	2011	Stuttgart	MTT1/2
12. - 13.	Januar	2012	HH/Hannover	MTT1/2
23. - 24.	Februar	2012	München	MTT1/2
8. - 9.	März	2012	Frankfurt a. M.	MTT1/2
26. - 30.	März	2012	Rostock	MTT1/2*
26. - 27.	April	2012	Berlin	MTT1/2
3. - 4.	Mai	2012	Köln	MTT1/2

Kosten.
175,00 € zzgl. MwSt. pro Seminartag. Frühbucher-Rabatt bis vier Wochen vor Workshop-Termin 125,00 € zzgl. MwSt., ausgenommen Workshops mit *.
Infos & Preise siehe www.metalog.de

Anmeldung.
trainingtools@metalog.de
oder
Tel.: 08142-418 37 10

*Das Premium-Paket findet in Kooperation mit dem Bio-Tagungshotel Gut Gremmelin statt. Genauere Infos hierzu finden Sie im Internet unter www.metalog.de

Empfehlenswerte Veranstaltungen mit kurzen MTT-Workshops. Anmeldung **direkt** beim Veranstalter:

11.–12. März 2011   **TRAINER | KONGRESS | BERLIN**
Der Ideenmarkt für ▪ Trainer ▪ Coaches ▪ Weiterbildner
www.trainer-kongress-berlin.de

28. August 2011   in Hamburg
04. September 2011   in Köln
11. September 2011   in München

www.tippsundtools.de

Messen:
12.–14. April 2011 in München

www.personal-messe.de

14.–18. Februar 2012 in Hannover

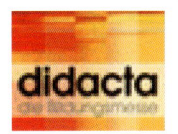

www.didacta-hannover.de

KommunikARTio.
Die KUNST, zu kommunizieren.

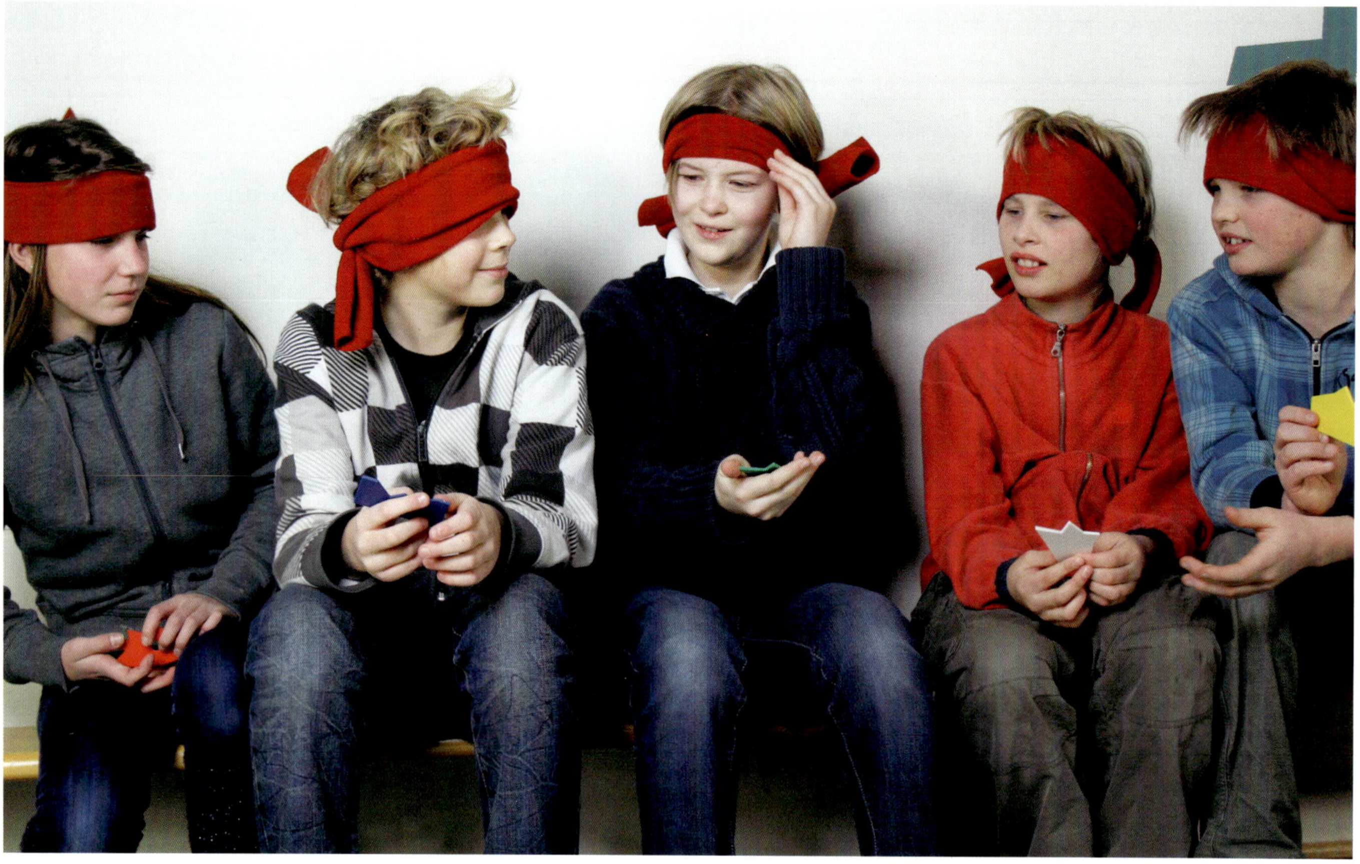

Lernprojekt.
Der Begriff „KommunikARTio" setzt sich zusammen aus Kommunikation, Art (engl. f. Kunst) und Karte. Dieses Lernszenario bündelt eine Vielzahl von Themenbereichen. Wie beim Rätsel werden die Schülerinnen und Schüler hier mit einer Problemstellung konfrontiert, die nur mit der Kunst der Kommunikation zu lösen ist. KommunikARTio ist eine echte Schatzkiste für Kommunikations-Profis und solche, die es werden wollen!

Durchführung.
Die Schülerinnen und Schüler sitzen mit verbundenen Augen in einem engen Kreis. Die Lehrkraft nimmt zwei der dreißig Karten aus dem Set und verteilt die verbleibenden auf die Akteure. Die Aufgabe besteht darin, ausschließlich durch verbale Kommunikation gemeinsam Farbe und Form der beiden fehlenden Karten zu ermitteln. Die Lehrkraft gibt lediglich Informationen bezüglich der Farbe; hält ein Akteur eine Karte hoch, wird ihm die Farbe genannt. Je nach Gruppengröße und gewünschter Schwierigkeit ist KommunikARTio auch mit weniger Farben oder Formen durchführbar.

Themen und Ziele.
Kommunikationstraining: Sender-Empfänger-Thematik darstellen, Vieldeutigkeit von Botschaften erleben, aktiv zuhören, Missverständnisse auflösen, Gesprächsdisziplin herstellen, Rollen verteilen.
Umgang mit Sprache: Entwickeln genauer sprachlicher Beschreibungen, Aktivieren und Erweitern des Wortschatzes, sprachliche Kreativität.
Selbstorganisiertes Arbeiten: konzentrieren, Informationen bündeln.

Akteure (min./opt./max.): 6/14/28.
Zeit (ohne Auswertung): 20–45 Minuten.
Platzbedarf: ausreichend Fläche zum Bilden eines Stuhlkreises.

KommunikARTio. Lieferumfang: 30 robuste Plastikkarten aus Spritzguss, 16 Augenbinden aus angenehmem roten Vliesstoff, 1 detaillierte Anleitung. Packmaß (mit Augenbinden): 33 x 15 x 25 cm. Gewicht: 1,5 kg inkl. Box. Lieferung in Holzbox mit Schiebedeckel.

Best.-Nr. 1505. **250,00 € zzgl. MwSt.**

Flottes Rohr.
Teamgeist ohne Durchhänger.

Lernprojekt.
Eine gute und kostruktive Klassengemeinschaft entsteht dann, wenn die Schülerinnen und Schüler sprichwörtlich gemeinsam „an einem Strang ziehen". Lassen Sie also Ihre Jugendlichen mit dem Flotten Rohr ein ums andere Mal erleben, wie wichtig Kooperation und Selbstorganisation in einer Klasse sind!

Durchführung.
Ziel der Klasse ist es, einen Ball mithilfe des Flotten Rohrs – einer schaufelartigen Konstruktion – aufzuheben und zu einem vereinbarten Zielpunkt zu transportieren. Dazu greift jede Schülerin und jeder Schüler ein Seilende, sodass die Klasse einen Kreis bildet. Gemeinsam soll nun das Flotte Rohr manövriert werden. Neben anderen haben sich dabei die folgenden Varianten bewährt:

Fernsteuerung: Ein zuvor definiertes Führungsteam wird mit der Aufgabe betraut, die Durchführung des Projektes zu koordinieren. Dabei dürfen die Mitglieder des Führungsteams die Schnüre des Flotten Rohres nicht in die Hand nehmen. Wie gelingt es ihnen, Aufgabe und Ablauf transparent zu kommunizieren und zielorientiert zu koordinieren?

Aktivierung: Gemeinsam und von der gesamten Klasse koordiniert wird der Ball mithilfe des Rohres aufgehoben und an einer anderen zuvor definierten Stelle abgelegt. Alle sind beteiligt und konzentriert bei der Sache.

Selbstorganisation: Ohne explizit definiertes Führungsteam soll die Gruppe selbstorganisiert die Aufgabe lösen. Die Koordination erfolgt aus der Klasse heraus.

Bei etwa 30 Akteuren ist es komfortabel mit zwei Sets des Flotten Rohres zu arbeiten.

Akteure (min./opt./max.): 6/14/18.
Zeit (ohne Auswertung): 15–20 Minuten.
Platzbedarf: 10 x 10 m Fläche.

Themen und Ziele.
Teamentwicklung: kooperieren, kommunizieren, zielorientiert arbeiten, moderieren, Abhängigkeiten erkennen.
Selbstorganisiertes Lernen: konzentrieren, fokussieren.

Flottes Rohr. Lieferumfang: 1 Flottes Rohr (Kunststoff) mit 16 robusten Flechtschnüren (3 mm x 2,50 m, abnehmbar), 3 Bälle, 1 detaillierte Anleitung. Packmaß: 30 x 21 x 13 cm. Gewicht: 700 g. Lieferung im Stoffbeutel.

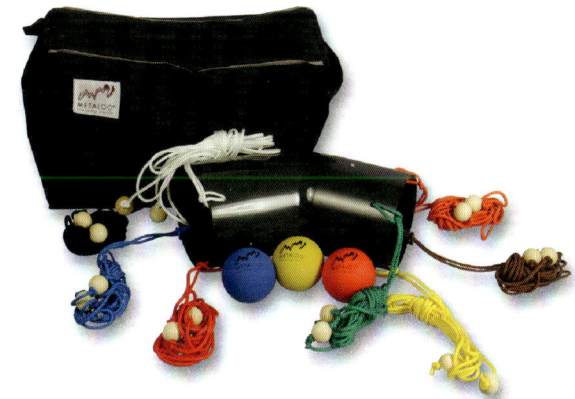

Best.-Nr. 1500. **85,00 € zzgl. MwSt.**

Teamnavigator.
An einem Strang ziehen.

Lernprojekt. Wie kann es schon beim Einstieg in ein neues Thema gelingen, Ihre Schülerinnen und Schüler zu begeistern? Überraschen Sie Ihre Klasse doch einmal mit dem Teamnavigator! Damit gelingt es Ihnen spielerisch, die Vorstellung eines neuen Themenblocks in ein interaktives Lernprojekt zu verwandeln. Ganz nebenbei macht Ihre Klasse eine wertvolle Teamerfahrung. Mit dem Teamnavigator ist Ihre Klasse so von Beginn auf ein gutes Lernklima eingestellt. Auch im Fremdsprachenunterricht ist dieses Lernprojekt gut einsetzbar.

Durchführung. Die Schülerinnen und Schüler stellen sich im Kreis um den Teamnavigator auf. Jede und jeder nimmt eine oder zwei Schnüre in die Hände (alle nicht benötigten Schnüre können Sie mit wenigen Handgriffen entfernen). Ziel ist es, den Stift in der Mitte über ein eingespanntes Blatt Papier zu manövrieren und dabei eine beliebige Form (oder auch ein Wort – warum nicht auf Englisch?) zu zeichnen. Auch das Nachzeichnen eines vorgegebenen Labyrinths ist möglich. Die Schnüre sollen dabei gespannt bleiben.

Lernlabyrinth: Gemeinsam „erzeichnet" sich die Klasse das als Wegstrecke symbolisch aufgezeichnete Lernfeld und erlebt flottes Vorankommen und die eine oder andere kurvige Stelle bereits vorweg. Die Lehrkraft stellt beim Erreichen eines „Meilensteins" – eine markierte Position an der Wegstrecke – jeweils ein Teilthema vor und klebt ein entsprechendes vorbereitetes Kärtchen entlang des Weges dazu auf.

Namenskompass: Wenn die Klasse neu zusammengesetzt wurde, nutzen Sie den Teamnavigator auch zum Lernen der Namen! Dabei dürfen beim Navigieren statt der üblichen Richtungsbeschreibungen (oben, unten, links, rechts etc.) nur die Namen der Schülerinnen und Schüler verwendet werden. Das Lernen der Namen geschieht dabei fast wie von selbst.

Federführung: Alle Schülerinnen und Schüler, die Schnüre in der Hand haben, verbinden sich die Augen. Die übrigen übernehmen die Führung und koordinieren die Zeichenbewegungen mit geschickten, zielorientierten, sprachlichen Anweisungen. Idealerweise ist dabei jedem „Blinden" ein „Sehender" als Unterstützung zugeordnet. Die „Blinden" erleben dabei, wie wichtig die Unterstützung derjenigen ist, die mehr Informationen haben; die „Sehenden", wie stark ihr Einsatz für andere zum Gesamterfolg beiträgt.

Themen und Ziele.
Neues Lernfeld: leicht durchzuführender Einstieg, Schüler aktivieren, Gruppengefühl wecken, erste Erfolgserlebnisse erzielen.

Teamentwicklung: Namen lernen, kommunizieren, zielorientiert handeln, kooperieren, motivieren durch Information, Vertrauen schaffen.

Akteure (min./opt./max.): 6/10/30.
Zeit (ohne Auswertung): 15–30 Minuten.
Platzbedarf: 1 x 1,50 m Tischplatte.

Teamnavigator. Lieferumfang: 1 Teamnavigator (Buche) mit 18 Flechtschnüren (3 mm x 1,2 m, abnehmbar), 10 Vorlagen DIN A2, 1 Stift, 1 detaillierte Anleitung. Packmaß: 60 x 42 x 10 cm. Gewicht: 5,0 kg. Lieferung im Karton.

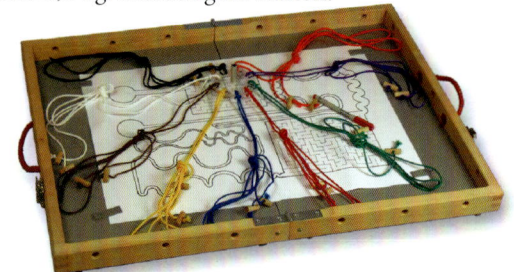

Best.-Nr. 1539. **295,00 € zzgl. MwSt.**

WortSpiel.
Mehr als Dialog.

Lernprojekt. „Meine Schülerinnen und Schüler haben gemerkt, wie wichtig ein sicherer Umgang mit Sprache ist!" Dieses Lernszenario fördert nicht nur sprachliche Kreativität und den Umgang mit Sprache, sondern ist auch eine spannende Kommunikationsübung für Ihre Schülerinnen und Schüler. Zuhören, moderieren, sich auf andere einstellen, eine gemeinsame Sprache finden… und das alles in wertschätzendem Kontakt. Mit Spaß und einer gesunden Portion Ehrgeiz sind Ihre Schülerinnen und Schüler auf dem besten Weg, erfolgreiche Kommunikationskompetenzen zu entwickeln.

Durchführung. Die Schülerinnen und Schüler bekommen Teile einer achteckigen Form in die Hand. Die Randflächen dieser Teile sind mit Symbolen bedruckt. Zu jedem Symbol befindet sich das Gegenstück auf dem angrenzenden Teil der Lösungsform. Ziel ist es nun, die achteckige korrekte Lösungsform zusammenzufügen und komplett mit der bedruckten Seite nach unten auf einem Tisch abzulegen. Allerdings dürfen die Symbole auf den eigenen Teilen den anderen nicht gezeigt werden. Der Schlüssel ist hierbei gelungene Kommunikation. Nur wer die Symbole mit den geeigneten Worten so beschreibt, dass die passenden Gegenstücke gefunden werden, kommuniziert zielorientiert. Doch wie genau beschreibe ich meinen eigenen Blickwinkel, wie kann ich Symbole beschreiben?
In dieser spannenden Phase ist darüber hinaus gute Selbstorganisation der Klasse und Moderation gefragt. Haben sich schließlich alle Nahtstellen gefunden, so kann die komplette Form auf einmal abgelegt werden. Am Ende wird's noch einmal spannend: Hat die Klasse gut gearbeitet? Gleich können es alle sehen! Die Lehrkraft wendet die komplette Form mithilfe der magnetisierten Kunststoffplatte und die Gruppe sieht ihr eigenes „Kommunikations-"Ergebnis.

Akteure: (min./opt./max.): 8/16/16.
Zeit (ohne Auswertung): 20–40 Minuten.
Platzbedarf: 30 m² und ein Tisch von mindestens 80 x 80 cm.

Themen und Ziele.
Kommunikationstraining: aktives Zuhören, Sender-Empfänger Thematik, Gesprächsdisziplin einhalten u. v. m.
Umgang mit Sprache: Entwickeln genauer sprachlicher Beschreibungen, Aktivieren und Erweitern des Wortschatzes, sprachliche Kreativität.
Teamarbeit: Selbstorganisation, eine gemeinsame Sprache entwickeln, Absprachen an Schnittstellen, Feedbackprozesse, Motivation.
Konflikte lösen: Umgehen mit Missverständnissen, Verständnis für verschiedene Blickwinkel entwickeln.

WortSpiel. Lieferumfang: 16 magnetisierte Kunststoffformen, 1 Holzschachtel mit Magnetplatte, 1 detaillierte Anleitung. Packmaß: 50 x 45 x 3 cm. Gewicht: 3,6 kg.

Best.-Nr. 1813. **265,00 € zzgl. MwSt.**

Impulse fürs Sozialverhalten.
Erfahrungsbericht von StD Georg Glöbl – Burkhart-Gymnasium Mallersdorf-Pfaffenberg.

EmotionCards. 1 S. 6

Zu Beginn meiner Arbeit mit Lernprojekten habe ich eine 10. Klasse an einem Samstagnachmittag (!) in die Schule eingeladen, um mit Materialien von METALOG® training tools ein Pilotprojekt zum sozialen Lernen an der Schule zu starten. Die Schülerinnen und Schüler waren überrascht, wie man durch einfache Spiele die Kommunikations- und Kooperationsfähigkeit einer Klasse bewusst machen kann.

Ich begann mit der „Pipeline". Dabei soll mit fünf Halbröhren, die ca. 80 cm lang sind, eine Holzkugel über einen Parcours rollend transportiert werden, wobei alle Mitspieler beteiligt sein müssen und die Kugel nicht stehen bleiben, nicht rückwärts rollen und vor allem nicht hinunterfallen darf. Beim ersten Versuch war das in der Gruppe entwickelte Konzept nicht erfolgreich, doch nach einer längeren Beratung wurde eine Lösung gefunden, mit der man die Herausforderung meistern konnte. Im Gespräch über die Erfahrungen bei diesem „Spiel" wurde deutlich, welche Probleme bei der Zusammenarbeit aufgetaucht waren und wie sie gelöst wurden. Diese Erkenntnisse wurden anschließend auf Alltagssituationen in der Klasse übertragen, bei denen ähnliche Schwierigkeiten oder Blockaden auftreten. Im letzten Schritt wurden dann Möglichkeiten diskutiert, wie die Zusammenarbeit und das Verständnis füreinander gefördert werden könnten.

Mit Hilfe von Sponsorengeldern habe ich eine Reihe der Spielmaterialien für die Schule angeschafft und eine Gruppe von Lehrerinnen und Lehrern hat sich bei einer schulinternen Fortbildung in die Grundlagen des erfahrungsorientierten Lernens (EOL) einweisen lassen. Ein Lernprojekt von Metalog hat sich in der Zwischenzeit in seiner Wirkung als besonders effektiv herausgestellt, der Tower of Power. Es gibt aber eine Reihe von anderen auch in der Schule gut verwendbaren „Tools"

Das Material von Tower of Power besteht aus acht Holzklötzen mit jeweils einem Einschnitt im oberen Drittel, in den ein Drahttrapez passt, mit welchem man den Klotz bewegen kann. Dieses Trapez hängt an einer Scheibe, an der 24 Schnüre (für maximal 24 Akteure) befestigt sind. Jeder Teilnehmer greift an ein Schnurende (Holzkugel).

Nachdem die Klötze in einem abgegrenzten Bereich stehend auf dem Boden verteilt sind, lautet die Aufgabe für eine 5. Klasse, einen möglichst hohen Turm zu errichten. Zur Erleichterung der Aufgabe gebe ich den Hinweis, dass ein umgefallener Klotz aufgestellt wird, wenn ein Baustein erfolgreich abgesetzt worden ist.

Das Spiel beginnt recht hektisch. Lautstark dirigieren einige führungsstarke Schüler das Trapez, aber schon beim ersten Versuch, einen Klotz aufzunehmen, rutscht das Holzstück von der Führung und fällt zu Boden. Schnell wird das Trapez zu einem anderen Klotz gesteuert, während einige Mädchen etwas zaghaft zu mehr Vorsicht und Langsamkeit mahnen. Obwohl auch ein paar Jungs laut für mehr Konzentration und Ruhe sorgen wollen, fällt der zweite Klotz schon wieder beim Anheben vom Trapez. Enttäuschung und Ratlosigkeit machen sich breit. Ein Mädchen fordert, zuerst mal über die richtige Strategie zu reden, eine andere meint, das sei ja doch nur ein Spiel und also egal, wie es ausgehe. Jemand schreit, dass jeder sich besser konzentrieren müsse, ein anderer meint „Das schaffen wir doch nie!" Schließlich macht eine Gruppe von Mädchen den Vorschlag, dass jemand die Leitung übernehmen solle und alle sollten diesen Anweisungen folgen. Ein Junge übernimmt die Führung. Beim dritten Versuch ist es merklich ruhiger, es spricht nur mehr der leitende Junge und tatsächlich gelingt es, einen Klotz aufzunehmen und auf einen anderen drauf zu setzen. Ein Jubelschrei! Dann übernimmt ein Mädchen das Kommando. Obwohl es spitze Bemerkungen seitens einiger Jungen gibt, folgen alle den Anweisungen des Mädchens und mit viel Gefühl und Ruhe wird der dritte Klotz auf den zweiten gesetzt. Wieder Erleichterung, dann wechselt die Führung zu einem Jungen und mit der Erfahrung aus den gemachten Fehlern gelingt es auch beinahe, den vierten Klotz aufzusetzen. Doch plötzlich gibt es einen Ruck und der ganze Turm fällt um. Ein Junge hat absichtlich durch einen starken Ruck den Turm zum Einsturz gebracht und grinst jetzt schelmisch dazu. Wütend fällt ein Großteil der Klasse über den „Spielverderber" her: „Genau so bist du immer! Alles machst du kaputt! Und das findest du auch noch lustig! Hau ab, du spielst jetzt nicht mehr mit!"

Hier greife ich ein und breche das Spiel ab, denn der Transfer vom Spiel zur Realität in der Klasse ist in diesem Fall schon geschehen. Im Reflexionsgespräch wird das destruktive Handeln des Jungen beim Spiel von den Mitschülern durch Beispiele aus dem Schulalltag bestätigt. Dieses Verhalten erfordert jedoch eine weitere Ursachenanalyse und ein gezieltes und überlegtes Vorgehen in der Abstimmung mit den Eltern und den anderen Lehrern in der Klasse, was im Rahmen dieser spielerischen Übung nicht zu leisten ist. In der Reflexion des Spiels werden aber noch andere Probleme in der Klasse angesprochen, nämlich der Geschlechterkampf zwischen Jungen und Mädchen, die übergroße Zurückhaltung einer Gruppe von Mädchen und die auffällige Gleichgültigkeit einiger Jungen. Das Spiel hat sich wieder als Spiegel der Klassensituation erwiesen. Jetzt muss aber nach Möglichkeiten einer Weiterentwicklung der Gruppe oder Klasse gefragt werden. Wer muss etwas an sich entwickeln z.B. mehr Verantwortung übernehmen, sich freiwillig unterordnen, mitreden und zuhören lernen, sich konzentrieren, Konflikte eindämmen usw.?

Resümee
Schüler/innen sehen solche Spiele zunächst als spannende Wettbewerbe und reizvolle Herausforderungen. Beim Sportunterricht gibt es schließlich auch Geschicklichkeitsspiele mit einem besonderen Spaßfaktor. Freilich beobachten Sportlehrkräfte dabei auch die gruppendynamischen Prozesse und kommen dadurch meist zu treffenderen Einschätzungen von Schülern und deren Sozialverhalten, als es anderen Lehrern möglich ist. Wenn man derartige Lernspiele nur als Wettbewerbsspiele einsetzt, bestätigen sie eher die Sozialstruktur einer Gruppe und verlieren ihren sozialen Lerneffekt. Man muss also schon den Dreischritt „Sehen – Urteilen – Handeln" (hier: Spiel – Reflexion - Transfer) vollziehen, damit eingeschliffene Verhaltensmuster und festgefahrene Gruppenstrukturen nicht nur beobachtet, sondern auch thematisiert und möglicherweise auch verändert werden können. Gelingt es, das Verhalten der Einzelnen zu modulieren, dann verändert sich auch das Verhältnis der Schüler/innen zueinander, was zu einem besseren Sozialklima in der Klasse führen kann. Grundsätzlich gilt: Wer auf Impulse zur Regulierung des Sozialverhaltens ganz verzichtet, der kann auch keine Kompetenzen und Werte fördern.

Als Lehrer und Leiter eines solchen sozialen Lernprojekts braucht man schon etwas Erfahrung und eine gewisse Beobachtungs- und Gesprächsführungsfähigkeit, damit diese Spiele auch nachhaltig wirken. Sozialpädagogen und Psychologen sind in dieser Hinsicht natürlich viel besser ausgebildet als Lehrer. Man kann sich jedoch durch Weiterbildung schon auch die wichtigen Kompetenzen aneignen. Wichtig sind vor allem folgende Bereiche:

- Wie „inszeniere" ich ein Spiel?
- Was will ich damit erreichen?
- Welche Beobachtungen sind wichtig? Wer (z.B. Schüler) kann mir dabei helfen?
- Wann und wie muss ich beim Spiel intervenieren?
- Wie moderiere ich das Reflexionsgespräch? (z. B mit Moderationsmethoden)
- Wie leite ich zur Umsetzung in den schulischen Alltag an?
- Wie kann ich die vorhandenen sozialen Ressourcen der Schüler/innen nutzbar machen?

Studiendirektor Georg Glöbl (56) unterrichtet Deutsch und Religion am Burkhart-Gymnasium in Mallersdorf-Pfaffenberg. Schon in der Jugendarbeit war er inspiriert von den Ideen und Methoden der Gruppendynamik und seit einigen Jahren ist er begeistert von den METALOG® training tools, die seine Unterrichtspraxis bereichern und von denen auch viele seiner Kolleginnen und Kollegen schwärmen, weil auch sie den Nutzen der Lernprojekte für die Steuerung des Sozialverhaltens ihrer Schüler schätzen.

Complexity.
Komplexität managen.

Lernprojekt.
Diese herausfordernde Gruppenaufgabe verspricht Hochspannung! Wie gehen Ihre Jugendlichen mit Unsicherheit und Mangel an Informationen um? Wie stellen sie sich in Drucksituationen auf eine neue Aufgabe ein? Hier hat jeder die Chance, seine Fähigkeiten einzubringen und zum Gruppenerfolg beizutragen.

Durchführung.
Die zu lösende Aufgabe befindet sich in einem anderen Raum, außer Sichtweite der Gruppe. Die Schülerinnen und Schüler bekommen nur wenige Hinweise zur Art der Aufgabe – sie sollen im „Internet" 30 „Webseiten" innerhalb einer vorgegebenen Zeit „anklicken". Nach einem Probedurchlauf geht es aufs Ganze. Wie so oft gibt es verschiedene Lösungsmöglichkeiten, lassen Sie sich überraschen, wie kreativ und effizient Ihre Schülerinnen und Schüler unter Druck arbeiten und wie diese Aufgabe sie als Gruppe zusammenbringt.
Die Variante „Führung und Verantwortung" eignet sich besonders gut für die Berufsvorbereitung: Ein Führungsteam befindet sich an einem Ort ohne direkten Sichtkontakt zum eigentlichen Geschehen. Es sendet sein Team in den Einsatz, ohne dessen konkrete Aufgabe zu kennen. Der Einsatz wird verbunden mit dem Hinweis, dass das Gelingen dieses Projektes für die Firma von entscheidender Bedeutung ist. Das Aktionsteam hat in mehreren Versuchen die Möglichkeit, die Aufgabe zu lösen. Hier kommt die eigentliche Herausforderung auf das Führungsteam zu: Welche Rückmeldungen lassen sie sich über die Tätigkeiten des Aktionsteams geben? Wie übernehmen sie Verantwortung und moderieren ihr Aktionsteam?

Akteure (min./opt./max.): 10/15/20.
Zeit (ohne Auswertung): 45–90 Minuten.
Platzbedarf: Freifläche 10 x 15 m.

Themen und Ziele.
Teamentwicklung: die verschiedenen Kompetenzen optimal nutzen, unter Druck wirkungsvoll kommunizieren, gemeinsam Lösungsstrategien entwickeln.
Selbstorganisiertes Lernen: mit Stress und Zeitdruck umgehen, Lösungsstrategien entwickeln, unter Druck ein erfolgreiches Arbeitssystem entwickeln.

Complexity. Lieferumfang: 30 Plastikplättchen (8 x 8 cm, aus 8 mm starkem Plexiglas, mit roten Ziffern bedruckt), 1 Stoppuhr, 15 m Seil (8 mm stark), detaillierte Anleitungen zur Durchführung. Packmaß: 34 x 25 x 11 cm. Gewicht 3,7 kg inkl. Koffer. Lieferung im Holzkoffer.

Best.-Nr. 1538. **180,00 € zzgl. MwSt.**

Balltransport.
Wie ein rohes Ei.

Lernprojekt.
Wie wichtig es ist, in einer (Klassen-)Gemeinschaft auf alle zu achten und jede und jeden miteinzubeziehen, erfahren Ihre Schülerinnen und Schüler mit diesem Lernprojekt. Jeder kann dabei seinen persönlichen Beitrag zur Lösung nur dann leisten, wenn sie/er von allen anderen durch effektives Kommunizieren unterstützt wird.

Durchführung.
Die Mehrzahl der Jugendlichen legt Augenbinden an (die Schwierigkeit des Lernprojektes nimmt ab, je weniger Akteure die Augen verbunden haben). Die „Blinden" erhalten den Arbeitsauftrag, einen auf einem Metallring platzierten Ball vom Start- zum Zielsockel zu transportieren und darauf abzulegen, ohne ihn dabei fallen zu lassen. Kreisförmig stehend steuern sie den Ring in ihrer Mitte mithilfe von Schnüren; dabei sollte die Lehrkraft darauf achten, dass diese am Ende angefasst und nicht verkürzt werden. Aufgabe der „Sehenden" ist es, die Bewegungen der „Blinden" zu koordinieren und den Gesamtablauf zu steuern, damit der Ball das Ziel erreicht. Berührungen sind nicht erlaubt. Durch die freie Aufstellbarkeit der Start- und Zielsockel kann der Schwierigkeitsgrad individuell angepasst werden (zum Beispiel durch Aufstellung im Gelände oder in unterschiedlicher Höhe). Entsprechend der Schülerzahl können Sie einzelne Schnüre dazu- oder abnehmen. Wenn Sie das Projekt im Freien durchführen und die Spannung erhöhen möchten, dann verwenden Sie statt des Balls doch einfach mal ein rohes Ei!
Für etwa 30 Akteure benötigen Sie zwei Sets Balltransport. Hier können dann, beim Transport, die Tragesysteme (Ringe mit Schnüren) zwischen zwei Teilgruppen getauscht werden.

Akteure (min./opt./max.): 4/9/12.
Zeit (ohne Auswertung): 15–45 Minuten.
Platzbedarf: möglichst große Fläche.

Themen und Ziele.
Teamentwicklung: interagieren, vertrauen, kooperieren, Schwächere integrieren, mit Stress umgehen, Feedback geben.
Kommunikationstraining: aktives Zuhören, wahrnehmen von körpersprachlichen Signalen, Sender-Empfänger-Thematik.
Selbstorganisiertes Lernen: mit Informationsengpässen umgehen, Rollen verteilen.

Balltransport. Lieferumfang: 1 Ring aus gehärtetem Edelstahl mit 8 robusten Flechtschnüren (3mm x 2m), 2 Sockel (Buche, zerlegbar), 1 Ball, 8 Augenbinden, 1 detaillierte Anleitung. Packmaß: 30 x 21 x 13 cm. Gewicht: 1,8 kg. Lieferung im Stoffbehälter.

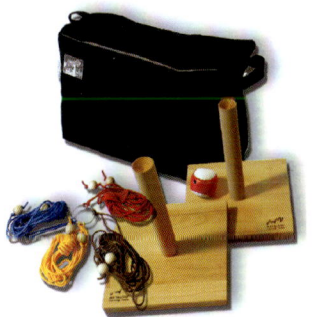

Best.-Nr. 1511. **98,00 €** zzgl. MwSt.

# Heart Selling.
Verhandeln = fair handeln?

Lernprojekt. Wie kann Vertrauen in der Beziehung zwischen einzelnen Personen oder auch Gruppen entstehen? Was kann ich als Interaktionspartner konkret tun, um das „Beziehungskonto" bei meinem Gegenüber zu pflegen? Aber auch: Was passiert mit meinem Gesprächspartner, wenn Intransparenz oder gar Konflikte auftauchen? Heart Selling erzeugt in jedem Fall direktes Feedback zum erlebten Verhalten des Gegenübers. Das macht es so wertvoll.

Durchführung. Jedes der 4 Teams verfolgt das Ziel, durch faires und geschicktes Verhandeln Teile zu tauschen oder zu (ver-)kaufen. Aufgabe eines jeden Teams ist es, aus diesen Teilen eine komplette Form fertigzustellen. In drei Handelsphasen begegnen sich die Teams und versuchen, teuer zu verkaufen und günstig einzukaufen. Zwischen diesen Handelsphasen treffen sie sich in Teambesprechungen, um ihre Strategie weiterzuentwickeln. Dabei kommen – wie in einem echten Markt – immer wieder neue Informationen ins Spiel, die das Geschehen beeinflussen und auf die es zu reagieren gilt. Nach Ende der Handelsphasen geben sich die Teams gegenseitig Rückmeldung. „Wie habt ihr den Kontakt mit den anderen erlebt?" ist hier die Frage. Der Clou dabei: Diese gegenseitigen Rückmeldungen können – wie bei einem „Beziehungskonto" – dem Gesamtergebnis des Teams belastet bzw. gutgeschrieben werden. So ist es möglich, dass das Team, das zahlenmäßig zuerst hinten lag, am Ende wegen vertrauenswürdiger Verhandlungsführung den ersten Platz erreicht. Ein ständiges Agieren im Spannungsfeld zwischen Wertschätzung und Profit.

Achtung: jetzt mit neuer Inszenierung: 4 Clans im Phantasieland Metalogia wetteifern um Ehre und Profit. Einfach magisch!

Akteure (min./opt./max.): 8/16/24.

Zeit (ohne Auswertung): 30–45 Minuten.

Platzbedarf: ca. 50–100 m², 4 Tische in den Ecken, möglichst mit Sichtschutz, genügend Fläche für den Marktplatz in der Mitte. Alternativ mehrere Räume.

Themen und Ziele.
Kommunikationstraining: Bedeutung körpersprachlicher Signale, Vertrauen schaffen. Aber auch: Wie entstehen Misstrauen und Störungen auf der Beziehungsebene?
Verhandlungstraining: Einwände integrieren, Beziehungs- und Sachebene, Verhandeln unter Druck.
Teamtraining: Umgang mit Absprachen, Delegation, Meetingkultur, wertschätzender Umgang, Verfolgung unterschiedlicher Ziele, Kooperation, Zusammenarbeit zwischen Teams.
Change Management: Werte, Subkulturen, Umgang mit Informationen.

Heart Selling. Lieferumfang: 32 gelaserte matte Acrylglasteile, 12 bedruckte Holzschachteln, Feedbackbögen, Namenskärtchen, Clips für Namensschilder, 44 Geldchips, Infokärtchen, 1 detaillierte Anleitung. Packmaß: 38 x 33 x 11 cm. Gewicht: 3,6 kg. Lieferung im Holzkoffer.

Best.-Nr. 1803. **495,00 € zzgl. MwSt.**

Pipeline.
Die Projektleitung.

Lernprojekt.
Die Lösung schwieriger Aufgaben gelingt besonders gut, wenn alle mitarbeiten. Wie wichtig gute Absprachen, das Weitergeben von Informationen und das Engagement aller sind, erleben Ihre Schülerinnen und Schüler bei dieser Übung. Die Pipeline ist ein pfiffiges Lernprojekt mit viel Action. Sie bietet Ihnen eine hervorragende Möglichkeit, um mit Ihren Kindern und Jugendlichen Koordination, Kooperation und Kommunikationsfluss innerhalb von Gruppen abzubilden und zu thematisieren.

Durchführung.
Die Schülerinnen und Schüler erhalten die Aufgabe, eine Kugel über eine bestimmte Strecke hinweg zu einem vereinbarten Zielpunkt zu transportieren. Die Kugel, die stellvertretend für eine gemeinsame Herausforderung steht, darf dabei jedoch nicht berührt werden. Als Transportmittel dient die Pipeline, ein System von halbierten Kunststoffröhren, die nur nach bestimmten, vorher vereinbarten Regeln von den Schülerinnen und Schülern verwendet werden dürfen. Wie wird es ihnen gelingen, die Aufgabe erfolgreich zu erfüllen? Bei dieser schnellen, stark aktivierenden Aufgabe führen Organisation und Koordination innerhalb der Gruppe zum Erfolg.

Akteure (min./opt./max.): 6/16/30.
Zeit (ohne Auswertung): 10–25 Minuten.
Platzbedarf: min. 10 x 8 m Fläche.

Themen und Ziele.
Teamentwicklung: an Schnittstellen kommunizieren, Verantwortung übernehmen, kooperieren, Feedback geben.
Selbstorganisiertes Arbeiten: mit Stress umgehen, zielorientiert arbeiten, Umgang mit Regeln.

Pipeline. Lieferumfang: 6 Halbröhren aus robustem, matt durchscheinendem Kunststoff, 2 Holzkugeln, 1 detaillierte Anleitung. Packmaß: 65 x 9 x 9 cm. Gewicht: 1,5 kg inkl. Tasche. Lieferung in einer Stofftasche.

Best.-Nr. 1530. **140,00 € zzgl. MwSt.**

Das Beste ist, wir spielen erst mal was zusammen.
Erfahrungsbericht von Robin Banerjee – evangelischer Pfarrer und Religionslehrer.

EmotionCards. 1 S. 6

Die Stimmung ist angespannt – immer wieder auch bei „Kirchens", wenn Leitungsaufgaben wahrgenommen werden müssen und dabei wie überall Menschen mit ihren Fähigkeiten gestärkt und wertgeschätzt, Transparenz und Einsicht hergestellt und Veränderungen angestoßen werden sollen. Unser Kindergartenteam, 8 Erzieherinnen, wurde vom Presbyterium, dem 13-köpfigen Leitungsorgan der Kirchengemeinde, beauftragt, seine Arbeit und Teamfähigkeit zu reflektieren, sich ein Leitbild und eine Konzeption zu geben. Damit war ein Prozess angestoßen, der diese Erzieherinnen in einen engen, bisher nicht erlebten Kontakt miteinander bringen sollte, ihnen mindestens ein Jahr lang eine Menge Mehrarbeit abverlangte und an dessen Ende sich vielleicht viel Vertrautes ändern würde. Als Vorsitzender des Leitungsorgans war das meine Hauptfrage: Wie könnte es gelingen, Widerstände in konstruktiver Art und Weise zu überwinden?

Wir engagierten eine Supervisorin, die diesen Prozess begleiten sollte. Am ersten Tag stand sie vor der Gruppe, ich sollte auch mit dabei sein, schaute uns fröhlich und motivierend an und sagte: „Das Beste ist, wir spielen erst mal was zusammen." Das war der Moment, an dem ich zum ersten Mal einen „Metalog-Koffer" sah. Schwungvoll öffnete sie den Koffer und stellte viele Klötze auf. Jeder bekam eine Strippe in die Hand, zu neunt konnten wir eine Angel bedienen. Sie sagte: „Bitte bauen Sie einen hohen Turm. Er darf nicht umfallen. Das ist eine Herausforderung, die Sie schaffen werden. Sie sind doch ein gutes Team, Sie arbeiten jeden Tag miteinander." Und es geht auch sofort los. Alle machen mit. Unglaublich, denke ich.

Noch unglaublicher, was der „Tower of Power" uns dann bei der Auswertung gebracht hat: Jeder hat sich selbst und die anderen in einem Arbeitsprozess erlebt, alles Typische, persönliche Eigenheiten, über 10 Jahre eingeübte effektive und uneffektive Abläufe sowie alle Beziehungsmuster lagen wie ein offenes Buch vor uns. Sie mussten nicht mehr mühsam und zeitintensiv in den Raum erzählt werden. Wir konnten sofort in das gerade Erlebte und Erfahrene einsteigen. Was haben sie erlebt? Was war hilfreich? Kennen sie das von sich? Kennen sie das von den anderen? Was könnten sie optimieren? Und schon konnten wir über die Zukunft und gute Perspektiven reden – und diese in einem zweiten die Wirklichkeit abbildenden „Spiel" ausprobieren. So konnten an einem einzigen Vormittag die Tragfähigkeit erster kleiner Veränderungen erlebt und kleine Erfolgserlebnisse gestiftet werden.

Seitdem stehen die Metalog-Koffer immer griffbereit in einem Regal in meiner Gemeinde und sind fester Bestandteil meiner didaktischen und seelsorgerlichen Arbeit als Pfarrer und Religionslehrer an einem Gymnasium. In keinem anderen Beruf hat man mit so vielen unterschiedlichen Gruppen aller Altersstufen zu tun. Alle legen Wert auf ihr Klima, alle stellen sich spezifischen Herausforderungen, alle müssen intern und manchmal auch nach außen kommunizieren. Allen tun die Metalog-Spiele sehr gut.

In der Schule:
Wenn das Klassenklima nicht stimmt, innerhalb der Klasse verschiedene Gruppen existieren, die nicht miteinander können oder es sogar dazu kommt, dass Schüler sich „dissen" oder „mobben", können die Metalog-Spiele einen hilfreichen Beitrag leisten. Der „Tower of Power" bringt alle Schüler zusammen und eröffnet einen

großen Reflexionsraum. So kann man z.B. schnell feststellen, wer leitet, wer unbeteiligt ist oder wer stört. Weil es alle erleben, wird es dann auch von den Schülern selbst beobachtet und eingebracht. Dadurch arbeiten sie dann auch an sich selbst und müssen sich nicht am Lehrer reiben, indem sie beweisen wollen, dass er unrecht hat. Auch die „Pipeline" kann den Gruppenzusammenhalt stärken, wenn z.B. die Klasse in zwei Gruppen geteilt wird, die nicht gegeneinander, sondern miteinander und gleichzeitig die Kugel zum Ziel bringen müssen. Was passiert, wenn nicht alle in einer Balance bleiben und nicht aufeinander achten oder gar ein einzelner ausschert, kann erfahren werden, wenn sich eine ganze Klasse in das „rote Band" stellt. In einer zweiten Phase kann dann etwas weniger reflexiv, aber ebenso motivierend die Gemeinschaft gefördert werden: So kann eine „Kettenreaktion" in den Klassenraum gebaut werden, wobei es dann darauf ankommt, dass die Nahtstellen zwischen den einzelnen Kleingruppen funktionieren. Danach könnte die Schulklasse dann sogar in einen Körperkontakt kommen, wenn sie sich gegenseitig durch den „Easy Spider" trägt. Ein Vorhaben, was zu Beginn einer Klassensupervision vielleicht undenkbar gewesen wäre. Meine Erfahrung bestätigt das aber immer wieder: Die Motivationskraft der Metalog-Spiele ist sehr hoch. Und die gemachten Erfahrungen mit den Spielen in der Gruppe haben eine lange Nachhaltigkeit und identitätsstiftenden Charakter.

Die Spiele können in meinem Religionsunterricht auch einige eher trockene Themen plötzlich sehr anschaulich werden lassen: So kann z.B. die gegenseitige menschliche Angewiesenheit bzw. der zerstörerische Egoismus, der auch im oskarprämierten Kurzfilm „Balance" gezeigt wird mit dem „roten Band", dem „Team-Quadrat", dem „Tower of Power" selbst erlebt werden. Die Themenbereiche Fundamentalismus, unterschiedliche Religionen und Kulturunterschiede können unschlagbar mit dem Spiel „KultuRallye" inszeniert werden, dies auch sehr gut in der Erwachsenenbildung. Übrigens – jeder Lehrer ist dankbar über Methodenwechsel und ein Aufbrechen des Frontalunterrichts.

In der Gemeinde:
Sehr effektiv und erhellend können das „Wortspiel" und „SysTeaming" in kirchlichen Leitungsgremien eingesetzt werden (auch im Lehrerkollegium oder in der Schulleitung). Hier erleben die Haupt- und Ehrenamtlichen, welche Herausforderung gute Kommunikation ist und dass diesbezüglich nichts selbstverständlich ist. Viele Prozesse, wie z.B. das Vertrauen auf andere, während ich selbst „nichts sehe" oder die Erfahrung, dass ich auch als rein ausführendes und nicht mitdenkendes Organ wichtig und notwendig bin, können nachgespielt werden. Auch ein bisschen „kontrollierte Risikobereitschaft" kann mit den Spielen ausprobiert werden. Sie ist so wichtig für die Zukunft der Kirche!

Auch die Feedbacktools („Moderationsbälle", „Emotioncards") sind in jeder Gruppe einsetzbar und motivierend.

Ein absolutes Highlight sind alle Spiele auf der Konfirmandenfreizeit. Hier funktionieren „Easy Spider", der „Teambalken" und die „Babuschka" super, weil die Jugendlichen hier super in Kontakt kommen, sich als Gruppe erleben und zusammenfinden. Und auch der Spaßfaktor ist riesig. Der erste Abend vergeht wie im Flug und bleibt unvergessen. Übrigens, die Jugendlichen erzählen zu Hause ihren Eltern von den coolen Spielen – damit ist dann auch der nächste Elternabend aufgelockert: Auch Eltern vergessen die Zeit und überwinden Grenzen bei diesen Spielen („Tower of Power", „Pipeline" über den gesamten Kirchhof in die Kirche hinein…).

Am zweiten Abend der Konfirmandenfreizeit, nachts, wenn der Mond und die Sterne leuchten, gehe ich dann mit den Konfirmanden nach draußen, sie stellen sich in das rote Band, tragen sich gegenseitig und fühlen sich von Gott getragen. Wir schließen die Augen, ich spreche über die Schöpfung, den Rhythmus und die Balance des Lebens und über den Frieden. Wir beten das „Vater Unser" – was für eine Andacht, für viele ein wichtiges religiöses Erlebnis.

Und wenn wir nach der Konfirmation ein Theaterprojekt beginnen, vergewissern wir uns in demselben Band unserer gegenseitigen Angewiesenheit, wir versprechen uns die gegenseitige Treue und den Zusammenhalt und wissen uns in der Herausforderung getragen und gehalten. Dann schließen wir die Augen und spüren uns, obwohl wir uns nicht berühren. Sich blind verstehen - so muss es dann auch auf der Bühne sein.

Die Metalog-Spiele bilden die Wirklichkeit ab. Und jede Veränderung und Optimierung im Spiel ist tatsächlich sehr verheißungsvoll für den Alltag, wenn deren Effektivität tatsächlich und nachhaltig erlebt und so auch erlernt wird. Viel können muss man eigentlich nicht. Es reicht, dem Spielprozess zu trauen und ihn für Wert zu erachten.

Robin Banerjee (38) ist evangelischer Pfarrer in Erkelenz-Schwanenberg und Religionslehrer am Cornelius-Burgh-Gymnasium Erkelenz. Sein Herz schlägt für „non-formale" und erlebnisorientierte Bildung. Er betreut vielfältige Schüler-, Jugend- und Erwachsenengruppen und setzt die METALOG® training tools in Teambildungsprozessen, aber auch zur Verbesserung unterschiedlicher Kommunikationsprozesse ein, manchmal auch zur Annäherung und Lösung in Konfliktsituationen. Mit Vikaren arbeitet er als Gastdozent am Predigerseminar Wuppertal und bereichert mit den METALOG® training tools auch die unterschiedlichen Leitungsgremien der Kirche. Als leidenschaftlicher Theaterregisseur helfen ihm die Tools immer wieder bei der Initiation und dem Erhalt „blinder" Kommunikation und bei der Dynamik neu entstehender Laienschauspielgruppen.

Ecopoly.
Verhandeln mit Win-Win.

Lernprojekt.
Drei Teams konkurrieren um ein begrenzt vorhandenes Gut, von dem alle abhängig sind. Da sie zuerst nahezu nicht miteinander kommunizieren können, siegen anfangs Gier und Abteilungsdenken. Dies führt zum Scheitern aller. Erst in einer späteren Phase wird deutlich, wie der optimale Umgang mit den begrenzten Ressourcen gelingen kann. Ein Augenöffner zu den Themen Win-Win und Maß-Halten.

Durchführung.
Ecos bewohnen mehrere Planeten eines entfernten Sonnensystems. Diese Planeten kreisen um einen Mutterplaneten, der sie mit dem für sie lebenswichtigen Gas Ecopozon versorgt, das dort entsteht. Einmal pro Monat fliegen Cargo-Transporter von den Planeten zum Mutterplaneten und zapfen dort das Gas ab, das sich immer wieder von selbst regeneriert.
Jeder Planet ist bestrebt, seinen Vorrat an Ecopozon zu maximieren. Dabei entsteht jedoch die Gefahr, dass sich die Ecos der unterschiedlichen Planeten zu viel vom Kuchen abschneiden. Mit der gnadenlosen Konsequenz des Untergangs ...
Erst im zweiten Durchgang ist das Verhandeln zwischen den Teilgruppen der Planeten erlaubt. Hier wird dann schlagartig klar, was mit Absprachen und klaren Vereinbarungen alles erreicht werden kann. Nur Gewinner-Gewinner Strategien (Win-Win) sichern das Überleben.

Akteure (min./opt./max.): 6/12/15;
Zeit (ohne Auswertung): 45 Minuten;
Platzbedarf: je nach Gruppengröße, mindestens jedoch 50qm.

Themen & Ziele.
Entwickeln einer Win-Win Strategie: Verhandeln, Überwinden von Abteilungsgrenzen, Denken im größeren Zusammenhang.
Wirkungsweise von Absprachen: Transparenz, Einhalten von Absprachen.
Umgang mit Ressourcen: Wie viel können einzelne Beteiligte aus einem Topf für alle entnehmen? Wer entscheidet über die Ressourcenentnahme?
Umgang mit Zielen: Langfristige vs. kurzfristige Ziele, Nachhaltigkeit von Zielen.
Arbeiten mit Werten: Welche Werte sind uns wichtig? Altruismus vs. Egoismus.
Ökologie und systemisches Denken: ‚Wir sitzen alle in einem Boot'.

Ecopoly. Lieferumfang: 3 Cargo-Transporter, 200 Gasflaschen aus Holz in Stoffbeuteln, 1 detaillierte Anleitung. Packmaß: 38 x 33 x 12 cm. Gewicht: 3 kg inkl. Holzkoffer. Lieferung im Holzkoffer.

Best.-Nr. 1503. **175,00 € zzgl. MwSt.**

Teambalken.
Ein echter Balanceakt.

Lernprojekt.
Der Weg zu einer guten Klassengemeinschaft ist nicht immer ganz einfach. Auf dem Teambalken erleben Ihre Kinder und Jugendlichen am eigenen Leib, dass ein koordiniertes „Miteinander" meist wesentlich mehr Erfolg verspricht als jedes „aneinander vorbei". Ganz nebenbei lockern Sie die Stimmung in Ihrer Klasse auf, bauen Berührungsängste ab und die Schülerinnen und Schüler lassen sich aufeinander ein.
Der Teambalken besteht aus fünf Einzelteilen, die über Holzzapfen verbunden werden können, was eine Anpassung an Gruppen unterschiedlicher Größe erlaubt.

Themen und Ziele.
Kennenlernen: Berührungsängste abbauen, Namen der Teilnehmer lernen.
Teamentwicklung: interagieren, koordinieren, vertrauen, zusammenhalten, Wir-Gefühl.

Akteure (min./opt./max.): 5/7/10.
Zeit (ohne Auswertung): 10–20 Minuten.
Platzbedarf: 5 x 2 m Fläche bei voller Länge.

Teambalken. Lieferumfang: 1 Teambalken (Buche), bestehend aus 5 Teilen mit rutschfester Korkunterlage, 1 detaillierte Anleitung. Packmaß: 93 x 20 x 13 cm. Gewicht: 14 kg. Lieferung im Karton.

Best.-Nr. 1533. **225,00 € zzgl. MwSt.**

Babuschka.
Entpuppte Wirklichkeit.

Lernprojekt.
Es ist wie im wirklichen Leben: Die Rahmenbedingungen ändern sich und wir müssen lernen mit neuen, veränderten Situationen umzugehen. Das geht nur, wenn alle näher zusammenrücken. Dies wird bei diesem Lernprojekt am eigenen Leib erlebt. Die Klasse braucht neue Strategien: Wie können unterschiedliche Kompetenzen noch besser eingesetzt werden? Wer reicht wem seine helfenden Hände? Unterstützung findet hier im wahrsten Sinn des Wortes statt. Ein hochdynamisches Lernprojekt.

Durchführung.
Ziel der Schülerinnen und Schüler ist es, für eine bestimmte Zeit gemeinsam und ohne den Boden zu berühren auf einem kleinen Podest zu stehen. Hierbei gilt es, eine stabile Skulptur zu entwickeln, die es der Gruppe erlaubt, in Balance zu sein. Hat die Gruppe das gemeistert, kommt die Überraschung: Wie in einer russischen Stapelpuppe verbirgt sich auch hier die nächstkleinere Version des Podests im vorherigen. Und die Schülerinnen und Schüler sind wieder neu gefordert...
So wächst Ihre Klasse mit jedem Erfolgserlebnis und sieht sich immer wieder einer neuen Herausforderung gegenüber.

Themen und Ziele.
Teamentwicklung: sich gegenseitig unterstützen, Berührungsängste abbauen, zusammenarbeiten, Vertrauen aufbauen.
Umgang mit sich verändernden Rahmenbedingungen: neue Strategien entwickeln, Unmögliches möglich machen, Motivation aufbauen.
(Re-)Aktivierung: nach der Pause, am Morgen.

Akteure (min./opt./max.): 4/9/14.
Zeit (ohne Auswertung): 10–15 Minuten.
Platzbedarf: 4 x 4 m Fläche.

Babuschka. Lieferumfang: 4 ineinander verschachtelte massive Buchenholzpodeste mit Tragegriff und Sicherheitsgumminoppen gegen Verrutschen. 1 detaillierte Anleitung. Packmaß: 48 x 48 x 8 cm. Gewicht: 10 kg. Lieferung im Karton.

Best.-Nr. 1507. **225,00 € zzgl. MwSt.**

Verflixte Schlinge.
Sehr anhänglich.

Lernprojekt. Oft versperrt uns nur der Blickwinkel die Sicht auf die Lösung eines Problems. Geben Sie deshalb Ihren Teilnehmern zum gedanklichen und kreativen Stretching die Verflixte Schlinge zum Knobeln und Entdecken neuer Lösungswege.

Durchführung. Der Seminarleiter fädelt die Verflixte Schlinge in das Knopfloch eines Teilnehmers ein. Dessen Aufgabe ist es nun, sie wieder zu entfernen. Die Lösung wird hier natürlich nicht verraten, nur soviel sei gesagt: Vielleicht funktioniert es genau anders herum, als Sie gerade denken!

Themen und Ziele.
Kreativität: neue Perspektiven entwickeln, Mut zu Neuem schöpfen.
Coaching: Wirkung der Wiederholung desselben Lösungsversuchs, Reframing.
(Re-)Aktivierung: Seminarbeginn, nach einer Pause.

Tipp. Bleiben Sie in Erinnerung! Gerne liefern wir auf Wunsch die Verflixte Schlinge auch mit individuellem Schriftzug – das ideale Werbegeschenk für jeden Trainer. Bitte fragen Sie uns nach Preisen und Konditionen.

Verflixte Schlinge. Lieferumfang: 1 Verflixte Schlinge (Edelstahl), 1 detaillierte Lösung. Gewicht: 20 g.

Best.-Nr. 1513. **2,50 € zzgl. MwSt.**
ab 10 Stück. **2,25 € zzgl. MwSt.**

Magic Nails.
Unmöglich? Umdenken!

Lernprojekt. „Diese Aufgabe ist unlösbar!" – so oder ähnlich werden Ihre Schülerinnen und Schüler häufig reagieren, wenn Sie sie auf die Nagelprobe stellen. Und das ist auch kein Wunder! Denn stellen Sie sich einmal Folgendes vor: 17 von insgesamt 18 Nägeln sollen auf dem verbleibenden Nagel frei schwebend balanciert werden, sodass keiner von ihnen den Untergrund berührt. Eine ideale Metapher für die Arbeit mit Gruppen, die sich auch im realen (Schul-)Leben mit scheinbar ausweglosen Situationen konfrontiert sehen.
Akteure: 1– ca. 10 Personen.
Zeit (ohne Auswertung): 5–20 Minuten.
Platzbedarf: ca. 1 x 1 m Fläche.

Themen und Ziele.
Kreativität: neue Perspektiven entwickeln, experimentieren, Mut fassen für Neues.
Projektmanagement: Erkennen von Synergien bei Ressourcen.
(Re-)Aktivierung: Seminarbeginn, nach einer Pause.

Magic Nails. Lieferumfang: 18 Nägel (180 mm, vernickelt, schwere Ausführung), 1 Schmuckbox (Holz), 1 detaillierte Lösung. Packmaß: 22 x 12 x 7 cm. Gewicht: 1,4 kg inkl. Box. Lieferung in einer Box, die während der Durchführung der Aufgabe als Sockel dient.

Best.-Nr. 1512. **60,00 € zzgl. MwSt.**

Augenbinden.
Da wird Ihnen schwarz vor Augen!

Augenbinden.
Die Augenbinden aus Vliestuch sind blickdicht und dabei besonders weich auf der Haut. Die Waschbarkeit bei 30 Grad garantiert Hygiene und lange Lebensdauer. Sie eignen sich hervorragend zum Einsatz bei Balltransport, KommunikARTio, Teamnavigator, Seilübungen, SysTeaming und Tower of Power. Größe: 80 x 15 cm. Farbe Rot. Gewicht 30 g.

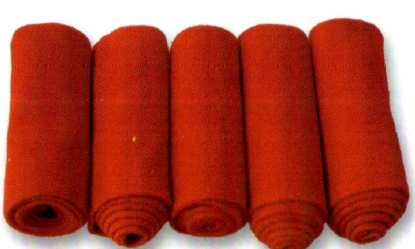

Best.-Nr. 1518. **3,50 € zzgl. MwSt.**
ab 10 Stück **2,95 € zzgl. MwSt.**

Seil.

Kunststoffseil mit angenehmer Handhabung für zahlreiche Outdoor-Aktivitäten.
15 m. Best.-Nr. 1514. **19,50 € zzgl. MwSt.**
25 m. Best.-Nr. 1515. **32,50 € zzgl. MwSt.**
50 m. Best.-Nr. 1516. **65,00 € zzgl. MwSt.**

DVD zu den METALOG® training tools.

Diese DVD zeigt bearbeitete Live-Mitschnitte verschiedener Train-the-Trainer-Seminare unter Leitung von Tobias Voss zur Verwendung der METALOG® training tools. Es werden Grundlagen der ErfahrungsOrientierten Lernmethoden (EOL) wie z. B. die Inszenierung, Durchführung und Auswertung eines Lernprojekts gezeigt. Sie erleben die differenzierte Vorgehensweise eines erfahrenen Trainers, der systemische und lösungsorientierte Vorgehensweisen mit handlungsorientierten Konzepten verbindet. Als Entwickler der METALOG® training tools greift Tobias Voss seit Jahren Übungsideen auf und entwickelt sie zu hochqualitativen Lernszenarien. Immer mehr Eigenkreationen vervollständigen die Palette der Lernprojekte. Die DVD bietet sowohl einen Einstieg für den EOL-Neuling, als auch eine Arbeitshilfe für den erfahrenen Nutzer der METALOG® training tools. Jedes gezeigte METALOG® training tools wird mit einem Kurzinterview zum Charakter des Lernprojekts vervollständigt.
Inhalte. Folgende METALOG® training tools sind zu sehen: Tower of Power, Team², Complexity, KommunikARTio, Das Band, Pipeline, Leonardo's Bridge, Balltransport, SysTeaming, Flottes Rohr, Magic Nails, Verflixte Schlinge.

Inszenierung/Anmoderation der einzelnen METALOG® training tools. Kurzinterviews zu Tipps und Tricks bzgl. Verwendung und Umgang mit schwierigen Situationen des Tools. Interventionsmöglichkeiten während des Lernprojekts.
Ein Special zur Inszenierung von erfahrungsorientierten Lernprozessen.
FAQs: häufig gestellte Fragen zum Umgang mit den METALOG® training tools.
Länge: 163 Minuten.

Best.-Nr. 1802. **39,00 € zzgl. MwSt.**

MetaBlog.
Der intelligente Beobachterblock.

Beobachter sinnvoll einsetzen. Wir haben den MetaBlog speziell zur Optimierung des Einsatzes von Beobachtern entwickelt. Er unterstützt diese dabei, wertvolle Informationen journalartig und grafisch zu dokumentieren und der Gruppe zurückzumelden. Darüber hinaus erlaubt er einen Vergleich unterschiedlicher Beobachterperspektiven. Zur Verwendung kommen skalierbare Beobachtungsbereiche wie zum Beispiel: „Absprachen", „lösungs- oder zielorientierte Kommunikation", „Gesprächsdisziplin" etc.
Aufgabe des Beobachters ist es, über den Verlauf des Beobachtungszeitraums eine Kurve anzulegen. Die Ausschläge der Kurve werden mit Bemerkungen versehen. Auf diesem Weg entsteht ein visuelles „Logbuch" zum Verlauf des Gruppenprozesses. Die Kurven mehrerer Beobachter können dann zum Vergleich übereinander gehängt und diskutiert werden.
Sonderformat. Die Größe 42 x 16 cm ist ideal für die grafisch-visuelle Dokumentation geeignet. Sie erlaubt ein Übereinanderhängen mehrerer Kurven an der Pinnwand zum Vergleich.
Handling. Das Scriptboard unterstützt den Beobachter auch im Stehen bei der schriftlichen Dokumentation.
Verwendungsmöglichkeiten. Einsetzbar für Beobachter bei Lernprojekten, Übungen, Rollenspielen, Assessment Centern.

MetaBlog. Grundset: 4 Scriptboards, 8 Beobachterblöcke à 20 Blatt 40 x 16 cm, 1 detaillierte Anleitung. Packmaß: 42 x 16 x 5 cm. Gewicht: 2,5 kg.

Best.-Nr. 1821. **75,00 € zzgl. MwSt.**
Nachfüllset. 10 Blöcke. Best.-Nr. 1822. **45,00 € zzgl. MwSt.**

Unmögliche Stäbe.
Geschickt einfädeln.

Lernprojekt. Bringen Sie Ihre Seminarteilnehmer ins Grübeln: Wie ist es möglich, die beiden Stäbe, die so untrennbar verbunden scheinen, voneinander zu lösen? Umzudenken und neue, kreative Lösungsansätze zu fördern ist das Ziel dieser vielseitig einsetzbaren Aufgabe. Das Aha–Erlebnis ist garantiert...
Durchführung. Die Teilnehmer erhalten die Aufgabe, die Stäbe ohne weitere Hilfsmittel voneinander zu trennen. In Gruppen können Sie auch unterschiedliche Rollen, beispielsweise aktiv und beobachtend oder anleitend und ausführend, festlegen.
Themen und Ziele.
Kreativität: neue Sichtweisen entwickeln, kreativ sein, Mut zu Neuem, experimentieren.
(Re-)Aktivierung: Seminarbeginn, nach einer Pause.

Unmögliche Stäbe. Lieferumfang: 1 Paar Unmögliche Stäbe (Buche/Flechtschnur), 1 Lösung. Packmaß: 45 x 6 x 6 cm. Gewicht: 0,2 kg inkl. Behälter. Lieferung im praktischen Transportrohr aus Kunststoff.

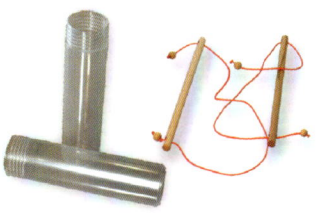

Best.-Nr. 1510. **30,00 € zzgl. MwSt.**

Die Ausbildung.
ErfahrungsOrientiertes Lernen (EOL) – die Basisausbildung zum zertifizierten EOL-Trainer.

Sie beschäftigen sich mit dem Verhalten und den Einstellungen von Menschen?
Sie sind in der Vermittlung von Wissen und soft skills tätig?
Sie begleiten Menschen in Prozessen?
Dann kennen Sie vielleicht die Herausforderung, **nachhaltige Wirkung** zu erzielen.
Aktuelle Ergebnisse der Hirnforschung und Neurodidaktik zeigen ganz deutlich: Worte alleine sind dabei ein nur sehr eingeschränktes Mittel. Es gilt mehr Sinne mit einzubeziehen, teilweise sogar den ganzen Körper. Aktivierung und Emotion – Erlebnis und Reflexion. Darin stecken viele Potenziale. Und die Kunst liegt darin, diese zu wecken und nutzbar zu machen.

ErfahrungsOrientiertes Lernen (EOL) integriert viele hochwirksame Ansätze auf eine lebendige und erfrischende Art.
Mit der METALOG Methode haben wir darüber hinaus einen Methoden-Koffer entwickelt, der es Ihnen ermöglicht, EOL in den unterschiedlichsten Bereichen ganz gezielt einzusetzen. Auf Basis systemischer und lösungsorientierter Konzepte steht dabei der passgenaue Einsatz im Mittelpunkt. Ob in Seminaren, Workshops, Veränderungsprozessen, Projekten, Konferenzen, Coachings, Trainings on the Job, Beratungen oder Unterricht – die Menschen **spüren den Unterschied.**

Die Zielgruppe.
Trainer, Coaches, Berater, Personal- und Organisationsentwickler, Ausbilder, Pädagogen, Psychologen, Therapeuten und Interessierte an erfahrungsorientierten Lernkonzepten.

Die Ausbildung.
Sie lernen ErfahrungsOrientierte Lernmethoden für Gruppen und Teams effektiv und professionell einzusetzen. Im Mittelpunkt stehen dabei das prozessorientierte Arbeiten und der Umgang mit interaktiven Methoden in Workshops, Seminaren etc.

Die Basis-Ausbildung gliedert sich dabei in 3 Module.

In **Modul 1** geht es um die Grundlagen des ErfahrungsOrientierten Lernens und den Einstieg in die METALOG Methode. Bereits hiermit lassen sich alle Arten von Interaktionsaufgaben zielorientiert maßschneidern.

Mit **Modul 2** lernen Sie die wirkungsvollen Stellschrauben noch bewusster einzusetzen und entdecken weitere Kompetenzen, die den Umgang mit diesen dynamischen Methoden um ein Vielfaches erleichtern.

Modul 3 schließlich liefert Ihnen die wichtigsten Methoden, um aus einzelnen Bausteinen schlüssige Gesamtkonzepte zu entwickeln. Wirkungsvoll und flexibel.

Während der gesamten Ausbildung haben Sie viel Platz zum Experimentieren und zum Verinnerlichen der einzelnen Methoden. Bringen Sie jederzeit Ihre Fälle aus der Praxis mit ein und nutzen Sie die Möglichkeit zur Supervision. Gerade der fallbezogene Austausch mit Kollegen und den Trainern bietet Ihnen den richtigen Mehrwert.

Die Inhalte.

Modul 1: Grundlagen des EOL – die METALOG Methode
- Vom „Spiel" zum „Lernprojekt"
- Lernprojekte als Interaktionsmetaphern
- Die Kunst des Maßschneiderns („Isomorphie")
- Die 3 Schritte des Lernprojekts: Inszenieren – Durchführen – Bedeutunggeben
- Interventionen während des Lernprojekts
- Nachhaltigkeit erzeugen: der Transfer und die „Brücken in den Alltag"
- Tools: ausprobieren und reflektieren
- Praxisfälle: eigene Inszenierungen entwickeln, Lernprojekte durchführen
- Supervision und Feedback
- Arbeiten an eigenen Fällen

Modul 2: EOL-Kompetenzen – Wirkung steigern mit System
- Neurdidaktik in der Praxis
- Hypnosystemische Grundprinzipien
- Der gute Draht: Vertrauensbasis schaffen
- Selbstmanagement als Basis des Erfolgs
- Umgang mit schwierigen Situationen – lösungsorientierte Fragetechnik
- Beobachtereinsatz optimieren
- Effektive Auswertungsvarianten
- Tools: ausprobieren und reflektieren
- Praxisfälle: Erfahrungsaustausch und Supervision
- Arbeiten an eigenen Fällen

Modul 3: EOL-Konzepte – den Prozess gestalten
- EOL als ressourcenorientiertes Trainings- und Beratungskonzept
- Von der Auftragsklärung zur Auftragsgestaltung
- Die Konzeption und das Maßschneidern für diverse Gruppensituationen
- Das Erickson'sche Konzept des Utilisierens
- „Methoden zwischen den EOL-Methoden"
- Strategien für Team- und Veränderungsprojekte
- Outdoorelemente für Team- und Persönlichkeitsentwicklung und Coaching nutzbar machen
- Prozessorientierte Konzepte entwickeln
- Tools: ausprobieren und reflektieren
- Praxisfälle: komplexe Designs entwickeln
- Arbeiten an eigenen Fällen

Anhand von zahlreichen Lernprojekten (Interaktionsaufgaben) und Übungen werden die oben genannten didaktischen und methodischen Vorgehensweisen erlebbar gemacht und erläutert.

Eine kleine Auswahl der Lernprojekte, die durchgeführt werden: Blind Square, Seilschwingen, Blind führen, Stühle kippeln, Team-Jonglage, Speed Ball, Find the Tree, Von Insel zu Insel usw.

Außerdem kommen natürlich METALOG® training tools zum Einsatz: Teamnavigator, Zauberstab, KommunikARTio, SysTeaming, Balltransport, Pipeline, Leonardo's Bridge, Das Band, Complexity, Tower of Power, Babuschka, Wortspiel, Kettenreaktion u. v. m.

Der Abschluss.
Nach Teilnahme an allen drei Modulen sowie dem Nachweis der entsprechenden Kompetenzen am Ende der Ausbildung erhalten Sie Ihr Zertifikat **„Zertifizierter EOL-Trainer (METALOG®)"**.

Leitung: Steffen Powoden und Co-Trainer.

Seit mehr als 10 Jahren tätig als Trainer und Berater. Co-Entwickler der METALOG® training tools. NLP-Trainer, VisualPower-Trainer. Durchführung zahlreicher Train-the-Trainer Programme.

Dipl. oec. Steffen Powoden.

Der Seminarort.
Seminarhaus Kastell Windsor, 93191 Rettenbach, www.kastellwindsor.de
(soweit nicht anders angegeben)

Die Termine 2011/2012.

Modul 1 – Grundlagen des EOL:
15.–18.03.2011 (Seminarort: Nord)
10.–13.05.2011
10.–13.04.2012
22.–25.05.2012

Modul 2 – EOL-Kompetenzen:
26.–29.07.2011
17.–20.01.2012
17.–20.07.2012

Modul 3 – EOL-Konzepte:
12.–15.04.2011
04.–07.10.2011
17.–20.04.2012

Die Investition.
Je Modul: 970,00 € zzgl. MwSt.
Paketpreis: 2.800,00 € zzgl. MwSt. (alle drei Module)
Frühbucher-Preis: 2.400,00 € zzgl. MwSt. (bis 12 Wochen vor Beginn des ersten Moduls)

Bei Fragen zur Ausbildung und Anmeldung
schreiben Sie eine E–Mail an steffen.powoden@metalog.de

Die Ausbildung wird durchgeführt von:

METALOG Produktion.

Alois Thoma, Abteilungsleiter Holz der Caritas Werkstatt in Fürstenfeldbruck im Interviewgespräch.

Wie viele Mitarbeiter haben Sie in Ihrer Abteilung?
Alois Thoma: Wir beschäftigen 24 geistig teils mehrfach behinderte Mitarbeiterinnen und Mitarbeiter. Sie übernehmen unterschiedliche Aufgaben in der Produktion. In meiner Arbeit werde ich noch durch zwei Gruppenleiter unterstützt. Wir sind sehr froh über die gute Auslastung unserer Abteilung durch die Aufträge von **METALOG**. So sind wir auch sicher durch die Krise gekommen.

Wie kann man sich die Arbeit eines Behinderten, der METALOG® training tools baut konkret vorstellen?
Die Leute sind alles Spezialisten, d.h. sie beherrschen entweder bestimmte Arbeitsgänge oder auch die Bedienung von speziellen Maschinen besonders gut. Häufig ist einem Beschäftigten auch die Herstellung eines Tools zugeteilt. Anfangs ist das natürlich nur mit viel Begleitung und Unterstützung möglich. Aber unsere Leute wachsen mit den Herausforderungen. Am Ende ist unsere Aufgabe meistens nur noch die Qualitätskontrolle.

Wie erleben Sie die Zusammenarbeit mit der Firma METALOG?
Die Kooperation macht viel Spaß. Besonders die Tatsache, dass wir von Anfang an mit in den Entwicklungsprozess neuer **METALOG®** training tools mit einbezogen werden. Da lassen sich dann Themen wie Design und Materialbeschaffung gut gemeinsam lösen.

Welche Herausforderungen sehen Sie?
Du METALOG ja unser Hauptauftraggeber ist, wollen wir natürlich in Zukunft die Qualitätsstandards weiter steigern und die hohen Qualitätsrichtlinien erfüllen. Die Produktpalette wächst ja immer weiter und da gibt es einiges an spannender Arbeit.. Beeindruckend ist für mich die Vorstellung, dass die Produkte mittlerweile in vielen Ländern der Welt zu haben sind. Das kann man sich von hier aus meistens gar nicht so genau vorstellen wie Kunden zum Beispiel in der Türkei oder Zentralamerika damit arbeiten. Das motiviert natürlich.

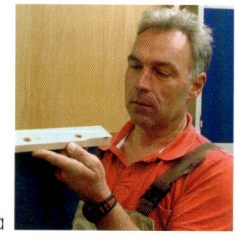

Alois Thoma

Bestellformular METALOG® training tools

Fax: 08142-418 37 11

Rechnungsanschrift

Firma

Ansprechpartner

Straße

PLZ, Ort

E-Mail

Lieferanschrift, falls abweichend

Anzahl	Artikelbeschreibung	Art.Nr.	Einzelpreis	Gesamt
	Kostenlosen Gesamtkatalog anfordern		0,00	
	Augenbinden ab 10 Stück	1518	3,50 2,95	
	Babuschka	1507	225,00	
	Balltransport	1511	98,00	
	Das Band	1540	195,00	
	Das Band XXL	1541	210,00	
	Das Buch	1545	27,57*	
	Complexity	1538	180,00	
	DVD	1802	39,00	
	Easy Spider	1517	170,00	
	Spider Rahmen	1522	195,00	
	Teleskopstangen für Easy Spider	1523	80,00	
	Ecopoly	1503	175,00	
	EmotionCards	1806	48,00	
	EmotionCards.2	1808	48,00	
	EmotionCards Doppelpack	1809	89,00	
	Flottes Rohr	1500	85,00	
	Heart Selling	1803	495,00	
	HeckMeck	1504	145,00	
	Kettenreaktion	1810	295,00	
	KommunikARTio	1505	250,00	
	Kugelbahn	1509	350,00	
	KultuRallye	1804	145,00	
	KultuRallye XXL	1850	230,00	
	Leonardo's Bridge	1526	230,00	
	Logik Color	1820	225,00	
	Magic Nails	1512	60,00	
	MetaBlog	1821	75,00	
	MetaBlog Nachfüllset	1822	45,00	
	Moderationsbälle	1807	48,00	
	Pfadfinder	1805	175,00	
	Pipeline	1530	140,00	
	Seil 15 m	1514	19,50	
	Seil 25 m	1515	32,50	
	Seil 50 m	1516	65,00	
	SysTeaming	1501	350,00	
	Team²	1520	220,00	
	Teambalken	1533	225,00	
	Teamnavigator	1539	295,00	
	Tower of Power	1534	190,00	
	Tower of Power XXL	1551	220,00	
	Unmögliche Stäbe	1510	30,00	
	Verflixte Schlinge ab 10 Stück	1513	2,50 2,25	
	WortSpiel	1813	265,00	
	Zauberstab	1506	120,00	

zuzüglich 6,50 € Versandkosten plus ges. MwSt.(* bei Büchern 7 %)

Bestellformular METALOG® training tools

Fax: 08142-418 37 11

Rechnungsanschrift

Lieferanschrift, falls abweichend

Firma

Ansprechpartner

Straße

PLZ, Ort

E-Mail

Anzahl	Artikelbeschreibung	Art.Nr.	Einzelpreis	Gesamt
	Kostenlosen Gesamtkatalog anfordern		0,00	
	Augenbinden ab 10 Stück	1518	3,50 2,95	
	Babuschka	1507	225,00	
	Balltransport	1511	98,00	
	Das Band	1540	195,00	
	Das Band XXL	1541	210,00	
	Das Buch	1545	27,57*	
	Complexity	1538	180,00	
	DVD	1802	39,00	
	Easy Spider	1517	170,00	
	Spider Rahmen	1522	195,00	
	Teleskopstangen für Easy Spider	1523	80,00	
	Ecopoly	1503	175,00	
	EmotionCards	1806	48,00	
	EmotionCards.2	1808	48,00	
	EmotionCards Doppelpack	1809	89,00	
	Flottes Rohr	1500	85,00	
	Heart Selling	1803	495,00	
	HeckMeck	1504	145,00	
	Kettenreaktion	1810	295,00	
	KommunikARTio	1505	250,00	
	Kugelbahn	1509	350,00	
	KultuRallye	1804	145,00	
	KultuRallye XXL	1850	230,00	
	Leonardo's Bridge	1526	230,00	
	Logik Color	1820	225,00	
	Magic Nails	1512	60,00	
	MetaBlog	1821	75,00	
	MetaBlog Nachfüllset	1822	45,00	
	Moderationsbälle	1807	48,00	
	Pfadfinder	1805	175,00	
	Pipeline	1530	140,00	
	Seil 15 m	1514	19,50	
	Seil 25 m	1515	32,50	
	Seil 50 m	1516	65,00	
	SysTeaming	1501	350,00	
	Team²	1520	220,00	
	Teambalken	1533	225,00	
	Teamnavigator	1539	295,00	
	Tower of Power	1534	190,00	
	Tower of Power XXL	1551	220,00	
	Unmögliche Stäbe	1510	30,00	
	Verflixte Schlinge ab 10 Stück	1513	2,50 2,25	
	WortSpiel	1813	265,00	
	Zauberstab	1506	120,00	

zuzüglich 6,50 € Versandkosten plus ges. MwSt.(* bei Büchern 7 %)